Hacia el Reino Interior

Un retiro en silencio

Gueshe Michael Roach

Traducido por Isidro Gordi

Ediciones Amara

Publicado por vez primera en español en el 2004
por Ediciones Amara. Ciutadella de Menorca.

ISBN de la obra: 978-84-95094-11-7
Depósito Legal: B. 16.652-2004
Romargraf, S.A. L'Hospitalet de
Llobregat

A la

FUNDACIÓN ANANTA

Ediciones Amam desea dedicar la traducción y publicación de esta obra al éxito de la Fundación Ananta, patrocinada por Marcos Fernández y Joaquín Tamames, cuyos objetivos principales son:

1. La difusión de principios éticos universales, que fomenten los valores de convivencia y fraternidad humana.

2. Auspiciar la realización de proyectos de interés social general y, muy especialmente, aquellos que favorezcan a los sectores más marginados de la sociedad.

Contenido

Nota del traductor

HACIA EL REINO INTERIOR, es un extracto de las enseñanzas de fin de semana que Gueshe Michael Roach impartió durante un retiro de meditación de más de tres años, en el centro "Diamond Mountain" de Arizona.

Pertenecen al mismo grupo de enseñanzas de las que procede LA MAGÍA DE LOS MAESTROS VACÍOS, publicado en mayo del 2003.

Quiero agradecer, como siempre, el diseño de la portada a Federica Mahieu. En esta ocasión quiero destacar la ayuda con la traducción de una estudiante anónima de Gueshe Roach. Por último, mil gracias a Cristina Somalo por su notable contribución a la presentación final del libro.

Isidro Gordi
15-4-2004
Son Gall. Ciutadella de Menorca

Hacia
el
Reino Interior

Primer Dia
Jueves 12 octubre del 2000

No he hablado durante muchos meses de modo que, si se me va la voz, pediremos ayuda a Winston. En primer lugar deseo agradeceros a todos por haber venido hasta aquí. Cuando estamos meditando, en muchas ocasiones todos vosotros, personas diferentes, entráis en la meditación y nos ayudáis así: "Despierta", "por qué sueñas despierto ahora" (risas). Os quiero agradecer esa ayuda, sé que lo hacéis porque nos ayudáis y pensáis en nosotros.

Me gustaría agradecer a las personas que nos trajeron desde Phoenix hasta aquí; y a las que habían venido previamente para reunirse con los dueños de esta hacienda. Estos han sido muy amables permitiéndonos estar aquí. Lo pasamos muy bien en su casa con ellos y con los demás propietarios de esta hacienda.

Quiero agradecer a las personas de Nueva York que hicieron muchas reuniones y trabajaron intensamente con el fin de tenerlo todo listo para poder estar aquí. También, a las personas de Mongolia que nos enviaron las yurtas[1] que ahora son nuestro hogar y a la gente de San Diego que las sacaron del barco, a las personas que las trajeron hasta aquí, a las que trajeron nuestras cosas y a las que dejaron este lugar listo para nuestra llegada.

Al principio, cuando empezamos, las yurtas no estaban listas y vivíamos en tiendas de campaña, al otro lado del Parque Nacional. Cada día al despertar podíamos escuchar a la gente que trabajaba para levantar un tipo de yurta de la que nunca habían oido hablar. No sabían ni que barra levantar. (risas)

---

[1] YURTA: construcción redondeada típica de los pueblos mongoles y turcos de Asia Central. (N. del T.)

Los oíamos durante todo el día trabajando para tener listos nuestros aposentos. Ha sido muy amable de su parte y nunca olvidaremos su ayuda.

Y después, cuando nos trasladamos aquí, quedamos sorprendidos de que las yurtas fueran tan bellas en su interior. Es el sitio más bello en el que hemos vivido. Muchas personas vinieron desde diversos lugares para ofrecer su ayuda. Muchas otras nos trajeron cosas. Algunas enviaron velas para ofrecer luz, otras construyeron hermosos altares y nos proporcionaron ropa caliente y hermosas alfombras sobre las que sentarse, así como muchas cosas diferentes, cuencos y demás. Personas provenientes de todas partes nos enviaron cojines de meditación, y todo lo que necesitábamos.

Como templo tenemos una yurta. Y nos han enviado hermosas cosas para ese fin, una preciosa estatua del Noble Buda e imágenes de muchos Lamas Santos.

Nos han ayudado muchas personas. Han venido a trabajar desde muchos estados y países. Los organizadores, el director de la Montaña del Diamante, su familia y muchos otros, han cambiado de vida para poder ayudarnos.

Mucha gente en todo el mundo y de Nueva York se han responsabilizado de todos los proyectos en los que estábamos trabajando. Han venido de Tucson y de otros lugares próximos para ayudar a construir yurtas, a enseñarnos acerca del desierto. Otras personas amables se han ocupado del aspecto financiero.

No tenemos un gran patrocinador, tenemos muchos pequeños que nos ayudan en lo que pueden. Cuando comemos sabemos que alguien lo ha pagado. Cuando nos sentamos en nuestras yurtas somos conscientes también de que alguien las ha financiado. Nos sentimos en deuda y llenos de gratitud hacia los patrocinadores. Vienen de muchas partes del mundo, y han enviado todo lo que han podido para mejorar este lugar.

Seguramente me estoy olvidando de alguien pero lo más importante para nosotros es el día a día; nos sirven la comida. Oímos sus pasos y a veces, cuando los días son muy calurosos, se mueven despacio y a duras penas, por culpa del sol. En días fríos van deprisa, y en los días que llueve mucho aún más aprisa. Ellos son los que nos cuidan.

Estas son personas que han dejado todo lo que tenían: sus trabajos –algunas tenían trabajos muy buenos–, dejaron los lugares donde vivían así como a sus familias. Otras ofrecieron todo el dinero que tenían para construir este lugar (llora). Nos han traído, siempre puntualmente, abundante y deliciosa comida, entregada con todo su amor. Por tanto nos gustaría darles las gracias, a ellas y a los que les ayudan. Nos traen todo lo que necesitamos. Nosotros pedimos; y todo llega. Este es un mundo extraño. En ocasiones incluso llega antes de pensar pedirlo. Es un mundo realmente extraño..

Hay personas que han dedicado muchas horas preparando los libros de oraciones y las enseñanzas que hemos recibido para nosotros, haciendo miles de fotocopias. En consecuencia tenemos todo lo que necesitamos.

Y lo que creo que es más importante, muchos grandes, estimados Maestros (llora) y Lamas nos enseñaron durante muchos años lo que teníamos que saber para hacer este retiro. Dejaron sus vidas y su tiempo para enseñarnos a nosotros y a otras personas. Por tanto, cuando meditamos durante una hora somos muy conscientes de ello y pensamos en todo momento que muchas personas han dedicado horas de su propia vida para darnos esta oportunidad (llora).

Me gustaría agradecer a todos los que han trabajado para construir este lugar de enseñanza, y también a los demás –los propietarios y el ranchero (que tiene las vacas aquí) que han sido muy amables, y han respetado estrictamente nuestras fronteras en el lugar del retiro–. Hemos disfrutado de una tranquilidad total a excepcion de la vaca número veintitres (risas), bueno, a veces, necesitamos un poco de diversión. Los que nos cuidan han sido muy amables haciendo posible que nadie nos moleste. Ha sido muy tranquilo… aquí fuera (risas).

Me gustaría también mostrar mi agradecimiento al resto de personas que están en este retiro. Son valientes. En el mundo actual, es difícil encontrar algo a lo que puedas denominar "valentía". No sabían lo que les esperaba y tuvieron confianza. Han dejado su hogar, su familia –algunos de ellos tienen familias muy unidas, padres, hermanas, hermanos, novio y animales domésticos–. Les ha resultado muy difícil. Y nadie se ha quejado, nunca han expre-

sado ningún tipo de deseo. Les dije: "Si os resulta difícil os podéis marchar cuando queráis". Y se rieron de mí. Ha sido muy, muy duro. Algunas de esas personas nunca habían vivido en tiendas de campaña o yurtas, y los primeros dos meses tuvieron que enfrentarse a ello. Hacía mucho calor y después empezó a nevar (risas). Y resultó muy, muy difícil. Cada uno de nosotros estaba solo. Las noches son muy oscuras, y hay muchos sonidos extraños.

Una de las primeras noches que estábamos aquí, los coyotes vinieron a cantar a Pelma-hla, y ella gritó asustada. La persona que salió para ayudar fue Ora, que es casi tan grande como un coyote (risas). Todo tipo de animal del desierto que se arrastra se ha introducido en los patios y las yurtas de la gente y, en ocasiones, han sido animales muy atemorizantes. Pero, creo que lo más difícil ha sido la soledad: estar solos, mes tras mes.

Nos hemos visto unos a otros durante los períodos de descanso –como en el sojong, la ceremonia de confesión, que se celebra dos veces al mes–. Cuando hemos estado en retiro profundo, es decir durante uno o dos meses, no nos hemos visto en absoluto. Todos han sido muy tenaces, se han hecho fuertes, han demostrado mucho coraje y han respetado los umbrales del retiro. Han trabajado muy duro. Algunos de ellos han trabajado durante años para aprender las meditaciones y las visualizaciones que tenían que hacer. No nos hemos permitido ningún otro tipo de estímulo, solo ha habido meditación y algo de estudio relacionado con los temas a meditar. Todos lo han hecho muy bien.

Han traducido, y continúan con ello, grandes libros sagrados que tienen que ver con las meditaciones –algunos de los cuales tienen más de dos mil años–. Sentimos en todo momento el linaje de los maestros (llora) que han enseñado estas meditaciones generación tras generación. Son profundas. Han aprendido muy bien todo lo que era necesario. Por todo ello, desearía agradecer su ejemplo. Siento vergüenza de tener miedo por la noche, cuando todos están en sus yurtas (risas).

Seguidamente vamos a tener una pequeña charla, después un descanso y, por último, quizá una breve meditación. Cuando el sol se ponga la temperatura descenderá. Aseguraros de tener algo caliente.

I

Habrá algunos presentes aquí
Que no probarán la muerte
Hasta que vean el Reino;
Jivan mukti, lu ma pangpar,
Pero ¿cómo?

La alternativa es aquellos que amas
Destruídos, en el límite.
Una casa se derrumba,
La otra se vende.
La sensación de vacío del deseo frustrado,
La monotonia hasta el sepulcro.

No se supone que debas
permanecer dentro del huevo;
Rompe la cáscara,
Percibe el mundo de color,
Vuela hacia el Cielo vacío.

Gran Garuda,
Guardían de los hijos de las estrellas,
Nunca serás feliz hasta entonces.

Ahora dáte la vuelta y observa
Quien te puso en este lugar.

Antes de entrar en retiro, mi apreciado jefe con el que he trabajado durante muchos años en el negocio de los diamantes nos invitó a cenar a tres de nosotros y nos preguntó: "Por qué queréis hacer un retiro". Todos quedamos boquiabiertos y en silencio (risas). Meses despues pensé en una respuesta (risas). Jesús estaba sentado con algunos de sus discípulos, se volvió hacia ellos y les dijo: "En verdad, os digo, **habrá algunos presentes aquí que no probarán la muerte hasta que vean el Reino**". "En verdad, os digo, habrá algunos presentes aquí que no probarán la muerte hasta que vean el Reino".

Esto significa que entrarás en el Reino de los cielos antes de morir. Los hindues lo llaman "*jivan mukti*". **Jivan** significa, mientras aún estás vivo, antes de morir. **Mukti** significa libertad. Los tibetanos lo llaman *'lu ma pongpa dakpa kacho di dora"*. **Lu ma pangpar s** ignifica que, antes de perder este cuerpo llegarás al Cielo. Por este motivo hemos venido hasta aquí. Esto es lo que estamos haciendo, tratamos de llegar a este lugar (*llora*).

Pero no hay detalles al respecto. Nadie nos dice, "ahora haz esto, después aquello". Cuanto más lejos llegas menos claro está lo que se debe hacer. Creo que por este motivo hay muy pocas personas que han llegado hasta allí. Quizás tienes que ser alguien muy especial para escuchar el método correcto para llegar hasta allí. Por ello me gustaría hablar de **cómo** lograrlo, con precisión, porque por este motivo estamos aquí, y no hay una **alternativa** real, si continuamos viviendo esta vida del modo en que lo hacemos.

Yo mismo he visto morir a mucha gente. Hice una lista de gente que conozco que ha muerto. Le dije a mi amiga Christie: "Me llevará un par de minutos, probablemente son sólo diez o quince personas". Fueron cien. En una hora. Me obsesioné con ello; no era consciente de que hubieran sido tantos. Y después empecé a anotar por qué murieron, cómo murieron.

Muchos de ellos no esperaban nada de la vida. Muchos de ellos no tuvieron mucho tiempo para prepararse para la muerte. Algunos se suicidaron, otros dañaron su propio cuerpo hasta conducirlo a la muerte. Muy pocos se fueron más felices de esta vida que cuando llegaron. Casi ninguno de ello llegó al promedio de vida. Algunos incluso murieron antes de nacer. Lo que nos hace mirar a otro lado cuando alguien se muere es solo un tipo de ceguera.

En el Cielo no se da esta clase de muerte.

Las personas trabajamos muy duro. Creo que trabajamos de ese modo porque no queremos pensar en lo que se nos aproxima. Por ello nos creamos pequeñas metas: "Voy a construir una casa para los niños; obtendré una cierta posición social". Pero todo esto no es más que una forma de evitar enfrentarse a lo que realmente se nos acerca. Cuando te pones a pensar en ello no sabes qué hacer. Por este motivo seres santos y elevados han venido a esta tierra a enseñarnos, pero muy pocos afortunados lográn escucharlo.

Creo que el peor problema, quizá peor que la muerte, es el aburrimiento de este mundo. Puedes encontrar, y seguramente lo conseguirás, cosas para mantenerte ocupado. Los desafíos en el trabajo o el ocuparte de tu familia, mantiene la mente ocupada para así no pensar en esas cosas pero, en realidad, cuando disfrutas de tiempo libre, te aburres. Quieres tener algo que hacer; no deseas sentarte sin hacer nada. Y es desagradable saber que, de cualquier modo, no hay nada muy significativo que hacer.

A medida que te haces mayor, empiezas a darte cuenta que morirás. Creo que peor que el miedo o la ansiedad, es **la sensación de que se suponía que debías de haber hecho algo** y no lo has hecho. Estás perdiendo la oportunidad porque cuando envejeces ya no puedes moverte tan bien y tu mente es más lenta.

En consecuencia creo que peor que la muerte es **la monotonía**, el "una y otra vez" de la vida. Y peor que la monotonía es la sensación de que has dejado de hacer algo muy grande que podías haber hecho.

Lo que he comprobado aquí en el retiro es que, sentarte tranquilamente para meditar todo el día, es agotador.

Nos vamos a la cama totalmente cansados. Caemos de bruces en la cama; yo me postro ante mi cama. Aprendes una cosa: que la mente tiene un gran potencial. Tu mente es increible, poderosa, hermosa, celestial. Igual que todas las estrellas, todo lo que alcances a ver, todos los planetas imaginables.

Durante la luna nueva, cuando aquí todo está oscuro, y se pueden ver miles y miles de estrellas, tu mente es así. En ella hay un potencial. Cada ser vivo tiene una misión que llevar a cabo. Hay un motivo por el qué tú y yo estamos en este mundo. Tenemos que hacer algo y este algo no consiste sólo en comer, defecar y morir. No es esto lo que hemos venido a hacer ni el por qué hemos llegado hasta aquí.

Una persona normal, y no sé si hay alguna aquí entre vosotros… quiero decir que yo no sé quien eres; no te puedo ver y aún en el caso de poder verte, no sabría quién eres mentalmente, pero si eres como yo, entonces eres como **un huevo**. Eres como una pequeña criatura que yace en el interior de un huevo. Aquí es raro encontrar huevos, hay pocas aves y escasea el agua. Los pájaros que hay son pequeños pero, en ocasiones, se encuentra una bonita cáscara de huevo que pertenece a un huevo que, por desgracia, se ha caído, lo recoges y te hace pensar: ¿Para qué sirve un huevo?. Uno de esos pequeños y hermosos huevos del desierto, son cosas inacabadas, como una escultura de Miguel Angel inconclusa. Cuando lo miras, sabes que aún no es lo que se supone que ha de ser.

Cuando lo pones en la palma de tu mano y lo miras, sabes que aún no es lo que ha de llegar a ser. Cada persona es así. Aún no estamos completos. Es importante no morir antes de estar completo y haberse convertido en lo que se supone que ha de ser. Cada ser humano sobre este planeta ha de salir de la cáscara.

¿Cómo es el Cielo cuando se **rompe** la cáscara? Pensar en el Cielo es difícil. Es arduo esforzarse para alcanzarlo si uno no sabe para qué se está esforzando.

Imagina a un pájaro que sale de la cáscara, abre sus ojos y **percibe los colores** por primera vez. Imagínatelo, has visto este mundo en blanco y negro durante muchos años y un día, de repente, eres capaz de verlo de color. ¿Cómo le explica una persona que puede ver colores a otra que no sabe lo que son? Lo único que puede decirle es que se trata de algo diferente e infinitamente más hermoso de lo que había conocido hasta entonces. La persona que sólo puede ver en blanco y negro le contesta: "Díme más". La persona que ve el color responde: "Es difícil".

El Cielo tiene dos partes. Hay un Cielo externo y un Cielo interno. No son lo que parecen. Cuando el pájaro emerge, cuando sales de la cáscara en esta vida, se ve todo el Cielo, después puedes **volar**. Ver el Cielo es el Cielo externo. Ser el Cielo, volar por el Cielo, es el Cielo interno. Cada persona ha de intentar llegar hasta allí. Por esto vives. Después tienes que hacer incluso más.

Hay un pájaro mitológico, **el Garuda**, grande como un Phoenix. Es capaz de volar hasta cualquier lugar, no está limitado por el aire. Puede volar hasta las estrellas…

Creo que tendremos un descanso. Por favor, tomad algo para beber y hablad tranquilamente, saludaros con grandes abrazos, descansad, y cuando Winston haga ruido como un Garuda, (risas) regresad y haremos una breve meditación.

Trata de pensar en cada una de las personas que has visto hoy mientrás llovía, piensa en la estupa en Tombstone, que es el Circulo K. Quizás te has encontrado a alguien allí; en la carretera habrás visto a otras personas y en el motel también. Los que están en las tiendas de campaña no han visto a mucha gente porque intentaban no mojarse. También, si te has sentado en la arena, habrás visto a las pequeñas criaturas del desierto, y cómo aumentan de tamaño después del atardecer (risas).

Imagina a cada ser vivo que hayas visto hoy. Son tus **hijos**. Cada uno de ellos es tu hijo. No te conviertes en hijo de alguien por haber nacido de una persona particular. Son tus hijos desde el momento en que naciste. Esta es la razón por la que has nacido: para cuidar de tus hijos. Nunca serás feliz hasta que seas consciente de este hecho y empieces a ocuparte de ellos.

Por la naturaleza de las cosas, cada ser vivo que has encontrado hoy –los rudos vaqueros en el Círculo K, las pequeñas hormigas, todo lo que se mueve– son tus hijos. Naciste **en este lugar** porque has de cuidarlos. Tú eres el responsable de cada uno de ellos.

Cada persona, antes de que se agote su tiempo, aprenderá a ocuparse de todo ser que ha conocido o que vaya a conocer. Tú eres su **guardián**, su padre, su madre. Tú serás el que se ocupe plenamente de ellos, hasta que alcancen el Cielo. Tú serás –cada uno de vosotros– cada uno de nosotros será aquel.

– Oh ¿cómo puede ser posible?

Porque el mundo no funciona del modo que parece. Tú no eres solo otra persona que vive en este lugar. Muchos acontecimientos que empezaron mucho antes del nacimiento ya habían sido puestos en movimiento, con el fin de prepararte, fueron dispuestos para tí. Tú y cada persona, antes de haber terminado vuestras vidas, os convertiréis en el único guardian, protector, salvador, el Jesús y el Buda de cada ser que hayáis conocido.

– ¿Cómo puede ser esto posible? ¡No hay espacio para tantos Jesús en un mundo!

Es así. Después de que Jesús terminara de describir cómo llegar al Cielo, sus discípulos se quejaron y dijeron: "Es imposible". El respondió: "Tienes razón, a excepción del Cielo cualquier cosa es posible". Aquí se refiere a lo que nosotros llamamos "vacuidad", el Reino de la vacuidad. En el Reino de la vacuidad –el tipo último de existencia– todo es posible. Te convertirás en lo que has de convertirte: en una persona que ayuda a todos sus hijos. Y cuando esta noche mires hacia arriba, al cielo, verás muchos mundos.

Allí afuera hay algo hermoso en las estrellas. No es posible que salgas a orinar, mires arriba y pretendas que *éste* es el único mundo. No lo es. Hay muchos mundos y no te has de ocupar solo de tus hijos de este mundo. Antes de consumirte, antes de que las diferentes viscisitudes hayan terminado con tu vida, te convertirás en un ser que cuidará de los seres vivos en muchos mundos, no solo de éste, sino de tántos como existan.

Te vas a convertir en esto. Es tu destino. Por esta razón fuiste hecho; esta es la razón por la que estás vivo. En tu interior lo intuyes. Y no serás feliz hasta que seas un ser completo. Nunca serás feliz. Nunca estarás contento hasta que te hayas convertido en lo que intuyes que tienes que convertirte… y lo conseguirás.

(Se oyen sonidos de aviones)
(Estos son protectores de las enseñanzas; vuelan sobre nuestro retiro).

Así pues, no hay casualidades. Cuando un avión vuela por encima nuestro no es una coincidencia. No sucede por accidente. Hay una razón.

Observa tu pasado, toda tu vida, y esfuérzate en comprender de qué modo todos aquellos que han estado a tu alrededor a lo largo de ella, se han esforzado para llevarte hacia aquello en lo que te has de convertir. Todos estaban allí por una razón. Cada persona que has conocido estaba allí para acercarte a aquello en lo que te convertirás. Cada persona.

De inmediato piensas en todos aquellos que te han ocasionado problemas y te preguntas: "¿Y ellos?"

Solo hay dos tipos de personas: las que te ocasionan problemas y las que no lo hacen. Las que te dificultan la vida también tratan de conducirte a algún lugar. Fueron colocados allí para acercarte a tu destino.

Mira pués hacia atrás, en tu vida. Empieza con tus santos padres o padrastos y trata de descifrar el rompecabezas. Es como un juego: "¿Qué intentaba enseñarme aquel?, ¿por qué me hirió?, ¿qué he aprendido de esto?, ¿estoy más cerca de convertirme en alguien que ayuda a todos mis hijos en los diversos mundos'? –aquellos de los que ni siquiera imaginas sus colores, formas y cielos–.

A lo largo de tu vida no hay coincidencias, ni errores, ni sucesos sin sentido. Todo ha sido ideado para conducirte a lo que has de ser, y que terminarás siendo. No esperes. No pienses estúpidamente: "Yo no puedo hacer eso", "esto no es para mí", "no soy así". Fuiste hecho así.

Hay una parte dentro de tí que se convertirá en el protector de cada ser vivo que te rodea. Y debes realizar lo que se supone que tenías que realizar. **Nunca serás feliz hasta que lo consigas** y tu corazón lo sabe.

Ahora me gustaría hacer una meditación de unos diez minutos; después pararemos. También me gustaría que hicieráis esta meditación mañana, una o dos veces, antes de venir.

Ve a algún lugar, siéntate en quietud, solo, y mira tu vida retrospectivamente. Empieza con tus padres, hermanos y hermanas, sigue con los que te enseñaron cuando eras joven, los que te enseñaron en tu iglesia o templo, y después en tus amigos. Y por último, todos aquellos que conoces.

Piensa en los grandes acontecimientos de tu vida. Trata de ver la manera en que cada uno de ellos, incluso los que han resultado malas experiencias, y quiza en especial éstos, fueron ideados todos a propósito para conducirte hasta aquí, y para conducirte también hasta el Cielo.

Mañana hablaré del Cielo –cómo es y cómo empezar a entrar–, pasado mañana daré más detalles. El último día hablaré del Cielo interno, aquel que cuando lo alcanzas, cuando entras en él, puedes realizar, finalmente, lo que se supone que has de realizar.

Por tanto medita, empieza cronológicamente observando tu vida. ¿Qué trataba de enseñarme aquel?, ¿qué aprendí de aquel otro? De modo natural empezarás a sentir gratitud hacia cada uno de ellos, especialmente hacia los malos.

Tratar de despertar el sentimiento de agradecimiento es una de las meditaciones más dulces que puedes hacer cuando estás triste, cuando hace demasiado frío o calor, cuando estás adormecido meditando, cuando no puedes concentrarte, cuando alguien te perjudica, cuando estás disgustado.

Esta meditación es muy hermosa. Siempre te hará feliz porque no puedes ignorar el hecho de que miles y miles de personas han sido amables contigo durante toda tu vida. Empieza ahora. Una vez terminada, hablaré un poco más y luego nos iremos a casa.

(pausa)

Empezamos con algo que Jesús había dicho. "En verdad habrá algunos presentes aquí que no probarán la muerte hasta que vean el Reino". En la tradición hindú a esto que dijo Jesús se le llama: *jivan mukti* y en la tradición budista tibetana *lu ma pangpar* –antes de abandonar este cuerpo–.

Hemos mencionado que la idea se encuentra allí pero que no se explica claramente la manera de lograrlo. Hablamos de la alternativa que tenemos: si no alcanzamos el Cielo en esta vida, gradualmente veremos morir a todos los que nos rodean. Es como ver caer y morir a la gente, una después de otra, desde la catarata de un gran río.

Una casa se derrumba, se refiere a tu propio cuerpo. **La segunda casa se vende**, todas las cosas por las que trabajas tan arduamente para los hijos –y que sabes que rápidamente se venderán para gastarse el dinero–, así como los esfuerzos de toda una vida, se habrán desperdiciado.

Tienes un potencial y nunca serás feliz hasta realizarlo. Antes mencionamos que eres como un ser incompleto. Si viniera un ángel y te mirara diría: "Pareces un huevo, aún estás sin acabar, aún no has salido de él, solo eres potencial".

Has de ver el mundo en color. "Color" significa el Reino del Cielo externo. Despues vuela hacia el cielo –es decir, el Reino del Cielo interno–. Esto es lo que tienes que ser. Nunca te sentirás feliz hasta que te hayas convertido en la persona –en este mundo y en los muchos otros– que se ocupa de toda criatura. Por derecho de nacimiento tú eres el padre; ellos son tus hijos. Has de creerlo. Te situaron aquí para ser su madre y padre. Este es tu destino. En tu corazón sabes que es así. No descanses hasta que hayas aprendido a cuidar de todo ser precioso que viva a tu alrededor, porque esto es lo que estás destinado a ser.

Después piensa en tu pasado y en quién te puso aquí. Los acontecimientos de tu vida han sido moldeados para conducirte hasta este momento. Estas destinado a convertirte en un ser completo. Debes creerlo y después hacerlo.

Gracias de nuevo por venir desde tan lejos, y gracias por ocuparos de nosotros y darnos esta preciosa oportunidad, nos veremos mañana... oh, no nos veremos (lleva una venda en los ojos)[2] (risas).

---

[2] Durante las conferencias, Gueshe Roach, llevaba los ojos vendados para mantener el retiro físico, que consiste en no ver a nadie que no esté de retiro.

Segundo Día
Viernes 13 Octubre del 2000

(Antes de empezar me gustaría meditar unos minutos)

En primer lugar deseo agradecer, una vez más, a todas las personas que han trabajado arduamente para forjar este lugar. Nos acostamos, luego nos levantamos, y todo a nuestro alrededor nos recuerda el duro trabajo de otras personas para darnos esta oportunidad.

Simplemente, el hecho de estirar la colcha de la cama te recuerda que la ha hecho una tibetana de la India; cuando se extingue la luz de la vela sabes que se trata de una hermosa vela que alguien nos ha regalado. Después, cuando empiezas las meditaciones para acostarte, se trata de aquellas que te enseñaron muchos lamas maravillosos, especialmente uno, el más notable, de Nueva Jersey[3].

Incluso en nuestros sueños a menudo viene gente; no son gente especial sino, simplemente, la que conocemos. Los que estáis aquí aparecéis a menudo en los sueños. A veces, durante los sueños suceden cosas maravillosas; en otras ocasiones ocurren cosas tontas.

Cuando te despiertas, pones los pies en el suelo y piensas en los que han trabajado aquí. Observo los tornillos del suelo y pienso en la gente que vi, justo antes de empezar el retiro, colocándolos con unas máquinas. Era gente que vino de todas partes, sin experiencia alguna, e hicieron que todo quedara muy hermoso.

No podéis imaginar lo que es levantarse. Abres tus ojos, ves un techo circular blanco con ocho radios de una rueda pintada en Mongolia y, en su centro, un diseño parecido a una cruz. Es muy

---

[3] Se refiere a su Lama, Khen Rimpoché Gueshe Lobsang Tharchin.

hermoso. La luz no entra por las ventanas sino por la parte superior, y todo el día parece una catedral. Nuestra amiga Pelma se ríe de la lluvia que se filtra (risas). Es una bendición. Y después miras el altar. Es muy hermoso, lo sacamos de una iglesia cristiana… con permiso (risas). También hay cosas bellas: incienso, alfombras hechas por tibetanos que viven cerca del monasterio, y más cojines de los que precisamos, todo lo que necesitamos.

Sales al exterior, te sientas en el porche, miras la montaña y piensas en los dueños de esta hacienda que han sido muy amables permitiéndonos estar aquí. No piden nada, sólo creen que el hacer este retiro en su hacienda es una bendición.

Pienso también en toda la gente que ha trabajado en este lugar. Ayer me olvidé de algunos. Tenemos a dos maravillosos médicos. A veces hemos estado un poco enfermos, nada serio, y los dos han venido a ayudarnos desde distintos lugares.

Una de las personas que está de retiro tuvo dolor de muelas; un dentista muy amable vino desde Tucson y trabajó en la yurta que hace de templo, con el paciente tumbado en el suelo. Fue muy bonito. No nos conoce, simplemente vino, y no quiso aceptar nada (llora). A veces necesitamos libros, libros especiales, libros extraños; escribimos a uno de nuestros amigos de New Jersey u otro lugar y, al instante, lleegan. Todo lo que necesitamos llega.

De gran ayuda fue la de un australiano que voló hasta aquí, pagándose sus gastos. Entró en la hacienda con nosotros. Es un gran arquitecto, experto en feng shui. Nos ayudó enormemente. Hizo planos muy hermosos de los edificios que se pueden construir aquí. Y todo a cargo suyo.

Mucha gente como ésta nos dedicó muchos días de su vida, y sentimos una gran responsabilidad al saber que han dado horas de su vida para que nosotros podamos hacer este retiro de tres años. Procuramos tenazmente no perder tiempo.

II

Los Reinos son dos,
El interno y el externo,
Ven al externo,
Y después al interno.

El externo es la canción del aprendiz.
El interno el aire que lo transporta.

Los dos dependen del hecho
De que nada existe por
Su propio lado.

Toma una decisión,
Busca y aprende de amigos y amigas,
Gemas escondidas de la tierra.

El samadhi es un estado de gracia
Que linda con el Reino

Samadhi ante el altar,
Samadhi ante el mundo.

Si quieres ser perfecto,
Pelea la buena guerra
Contra las cosas:
Las que se mueven
Y las que no se mueven.
La vanguardia, y las tropas en los trincheras.

Elimina la tiranía de los sentidos;
El diablo no se ha ido,
Está en la nevera,
En el lavabo,
En la cama, en el periódico.

Detrás del cristal
Detrás del pupitre,
Busca primero el Reino.

Ayer hablamos de la razón por la que estamos aquí y de algo que dijo Jesus: "Habrá algunos presentes aquí que no probarán la muerte hasta que vean el Reino". En tibetano a esto se le denomina *lu ma pangpar dakpa kachu dudor*. En sánscrito, *Jivan mukti*. Todos estos términos dan a entender que la razón por la que estamos aquí es para alcanzar un lugar –en nuestra cultura se llama el Cielo–. Por esto estamos aquí, para conseguirlo.

En ocasiones, se tiene la impresión de que no existen muchas pistas sobre el modo de conseguirlo. Empieza considerando todas las posibilidades. Son simples: envejeces y, a lo largo de este proceso, despilfarras la energía de tu vida. Unos más deprisa, otros más despacio. La desperdicias en cosas que, en realidad, no tienen mucho sentido. Y después te mueres. Y ves a muchos marcharse antes que tú.

No es necesario vivir de ese modo. Si puedes llegar a ese lugar del que muchos grandes seres que han venido a esta tierra han descrito, no tienes por qué vivir y morir de ese modo, sin sentido.

El propósito más elevado no es sólo alcanzar el Cielo sino que en la última etapa antes de llegar a él, logras hacer realidad la razón por la qué naciste. En tu corazón sabes que has de hacer algo aquí, y que es mucho más de lo que ves.

Cada uno de nosotros, "en verdad", se convertirá en un protector y en el guardían, el maestro y el guía de incontables seres conscientes. Naciste para ser esto. Nunca serás feliz hasta que hagas realidad lo que se supone que has de hacer: ocuparte de todo ser consciente en tu mundo y en todos los mundos imaginables.

Naciste para alcanzar ese lugar, y lo lograrás. **El Cielo tiene dos partes**: una es *chitab kachu*; la otra es *nagitab kachu*. Significan el Cielo **externo** y el Cielo **interno**.

En primer lugar se accede al **Cielo externo, y después al** Cielo **interno**. Siempre es así. Puedes pensar en el Cielo externo como en una plataforma de entrenamiento para un estudiante o un **aprendiz**, como por ejemplo un músico. En el Cielo externo te enseñan el modo de componer **la canción** perfecta. No entras en él en un día. Es un proceso gradual que depende de un trabajo tenaz, de saber cómo hacerlo, y de trabajar duro para llegar y quedarse.

Hubo un gran debate en Tíbet: unos sostenían que el Cielo externo era un lugar aparte; otros que es el lugar en el que se vive. Decían: "El Monasterio de Sera es el Cielo externo para los que lo saben".

Es importante explicar que hay una razón del por qué se daba esa confusión y por qué tenía lugar un debate entre aquellos que lo sabían, que ya estaban allí. Si se piensa, desde una perspectiva, cuando uno se dirige al Cielo, es el lugar donde se estaba pero se encuentra cambiado. Y, desde otra, este lugar ha cambiado tanto que, probablemente, ya no es el lugar en el que estabas. Por eso había cierta confusión.

El Cielo externo y el Cielo interno **dependen** de la vacuidad, **del hecho de que nada existe por su propio lado**. Dos personas se sientan bajo este sol. Una es feliz, porque se broncea; la otra se siente desgraciada porque se está quemando. ¿Cuántos soles hay?, ¿es el sol que bronceó a una de ellas el mismo que quemó a la otra?

Cuando alcanzas el Cielo externo, lo empiezas a ver todo diferente. Mucha gente se pregunta si al llegar al Cielo externo tus seres queridos seguirán estando allí. Sí que estarán ahí pero no de la forma que ahora imaginas. Son diferentes, pero están allí. No hay que pensar que alcanzar el Cielo externo será como llegar a una nube y echar de menos a todos tus amigos. No es así. Tus seres queridos estarán alrededor tuyo pero no serán en absoluto lo que creías que eran. Te enseñarán en todo momento a continuar tu camino hasta llegar al Cielo interno.

Es como si hubiera un círculo en el interior de otro. Cuando llegas al primer círculo, tienes la gran fortuna de ver a muchos seres santos a tu alrededor que te ayudan a alcanzar el Cielo interno. Y cuando lo alcanzas te conviertes en el protector y maestro de cada ser consciente.

Algunos se preguntarán, al verlos "¿qué hacen estos seres santos?, ¿un retiro?" (Esta es la expresión de Khen Rimpoché). La naturaleza de la vacuidad es que uno mismo, en su universo, será el protector de todas las criaturas que se mueven en la superficie de los planetas que ves en el cielo; y que llegarás a cada planeta del mejor modo posible para ayudarles.

Hay otros seres que hacen lo mismo en su propios universos. ¿Quién sabe cuántos soles hay? Esta es la naturaleza de las cosas, puedes estar seguro de ello. Has de hacer realidad la razón por la que llegaste aquí.

En primer lugar, decídete a intentar alcanzar estos lugares. Los libros dicen que para ello se necesita la "renuncia". Para lograr la renuncia primero has de sentarte y pensar en lo mal que están las cosas. No sé si se puede lograr a través del pensamiento. Creo que antes de implicarte seriamente en la práctica, has de entrar en contacto con el sufrimiento de la vida Tienes que ser testigo de la muerte o de la enfermedad de alguien próximo a ti, perder un ojo, un hermano, tu madre, o que te suceda algo realmente gordo.

No creo que vayas a tomar una decisión consciente. Pienso que, gradualmente uno se acerca a la comprensión y se da cuenta de que es preciso hacer algo para ayudar. Después empezarás a buscar hasta encontrar lo que resulte apropiado para ti.

Las personas que se ocupan de nosotros en este retiro y nos ayudan, (que son muchas según creo) no hacen una comida y la reparten. Cocinan alubias y arroz caribeño, un plato de comida integral, otro de comida no tan sana, también preparan algún plato para personas muy activas.

Es sorprendente. Los caminos interiores son como la comida. No hay dos personas iguales. No tiene sentido pretender que las personas sean iguales cuando no son, ni siquiera, capaces de comer el mismo tipo de comida.

En consecuencia has de respetar la personalidad y las diferentes maneras de ser de cada una. Has de esforzarte en encontrar cuál es el mejor sendero para ti, qué comida te resulta más sabrosa. Has de trabajar duro para encontrar el camino. Hay muchos caminos diferentes para ir al Cielo externo y al Cielo interno. Has de encontrarlos y después trabajar duro.

Su Santidad el Dalai Lama (llora) dice que, en ocasiones, se siente frustrado con nosotros porque lo queremos todo muy deprisa. Pero esto no funciona así. Es un trabajo duro, de muchas horas de cojín. Has de dedicarle tiempo, esforzarte y saber qué hacer. Para ello necesitas un buen maestro para que te guíe en el camino, y que encaje contigo. Y has de estudiar con él. Después, necesitas otros amigos.

Cada vez soy más consciente de que personas como nosotros no aprendemos de libros y, muy raramente, de las enseñanzas. **Aprendemos estando con los demás**. Cogemos más nuestros rasgos personales observando a los que nos rodean, escuchando los medios de comunicación y otras fuentes, que de pensar y aprender. Imitamos y emulamos lo que nos rodea. Por tanto, **examina** cuidadosamente **la tierra**. Es como **encontrar un diamante**. Los diamantes son raros porque resultan difíciles de reconocer. Si están entre un montón de guijarros, normalmente se les parecen. Elegir el diamante auténtico requiere experiencia y esfuerzo.

Cuanto mayor me hago más convencido estoy de que el modo de encontrar al maestro es mirando a tu alrededor, entre la gente conocida. Elige los rasgos o cualidades que te gustaría tener, como la honestidad o la capacidad de estar en silencio, el poder servir al maestro adecuadamente, o quizás tener la visión última de la vida o la capacidad de admitir tus errores y eliminarlos. Entre las personas que te rodean se encuentran las que poseen cada una de esas cualidades. Aunque me temo que hay gente que no he reconocido y las tienen todas a la vez.

Es importante encontrar tres o a cuatro personas preciosas, que tengan cada una de ellas una cualidad que sabes que no tienes, y que trates de aprenderla estando a su lado y no de un libro. Estos son los auténticos amigos espirituales y os animo a intentar reconocerlos. Pueden ser viejos, jóvenes, grandes, pequeños, de cualquier sexo, color, raza, lo que sea; es irrelevante.

Pueden hablar en cualquier idioma, podría tratarse de un erudito o de alguien que lava los platos en un pequeño templo en New Jersey, pero ellos tienen lo que necesitas y hacen gala de dichas cualidades. El modo de hacerlo consiste en estar cerca suyo, estudiar su forma de actuar y procurar emularlos. Es mucho más fácil que aprender de un libro.

He hablado del Cielo externo pero no del interno. La diferencia entre ellos es como la diferencia entre el medio y el mensaje; entre una persona que usa Internet y ser Internet. Si envias un e-mail, estás en un mundo de sufrimiento; si dominas la Red estás en el Cielo externo; si te conviertes en la Red completa con cables y ordenadores que transmiten mensajes desde todo el planeta has llegado al Cielo interno. Te conviertes en la Red gracias a la cual todo sucede. Y despues, de modo natural, eres capaz de enviar mensajes a todas partes, porque eres la Red.

Contaré un poco más sobre e Cielo externo porque, aunque lo que acabo de decir es cierto, quizá no queda muy claro. Después haremos un descanso.

¿Cómo llegar al Cielo externo? Hay algunas cosas que se tienen que hacer durante la meditación y otras fuera de la meditación.

Primero está lo que llamamos **samadhi**. Samadhi, normalmente se traduce como "meditación" pero es como una gran llanura que rodea los Reinos del Cielo externo e interno. Has de cruzar esta llanura antes incluso de poder llegar al primer Cielo, el externo. Debes vivir en la llanura o samadhi durante semanas, meses y años. Primero has de aprender samadhi antes de poder entrar en el Cielo externo.

El samadhi es como un **estado de gracia**. Consiste en vivir el día en un estado de atención y quietud mental perfectos. No es el Cielo externo, aunque se confunde con él porque es muy hermoso, pero lo necesitas para entrar en el Cielo externo. Necesitas este estado de gracia, este precioso estado de perfecta atención apacible, de enfoque constante a lo largo del día, que es el samadhi.

No me refiero a caminar de un lado a otro como si fueses Einstein, sino a hacerlo todo el día con el estado mental que se tiene cuando se lee un gran libro, una novela, o se escucha una gran obra musical. Ya sabes de qué estoy hablando. Sólo imagínalo. Por este motivo mucha gente lo ha confundido con el Cielo.

El samadhi es un instrumento y lo has de poseer para alcanzar el Cielo externo. Si lo tienes, rápidamente lo conseguirás. Me gustaría hablar de algunas cosas que necesitas para estar en samadhi.

En primer lugar, pienso en un incidente que ocurrió en la vida de Jesús. Parece que estaba de pie en la calle y un joven se abalanzó sobre él y le dijo:

– Quiero saber si existe un modo para no morir.

Y Jesús respondió:

– Mantén las guías que Moisés te enseñó. Respeta la vida; no mates. Respeta las cosas de los demás; no robes. Respeta las esposas y esposos; no cometas adulterio. Habla y vive siempre con la verdad y por lo que sabes que es cierto; no mientas. Respeta a tu padre y a tu madre, que te dieron este precioso cuerpo para alcanzar los Reinos externos e internos

Y por último dijo:

– Y lo más importante: trata a los demás igual que te tratas a ti mismo. Cuida de los demás con el mismo cuidado y esfuerzo que dedicas a cuidarte y alimentarte a ti mismo.

– Conozco estas normas y las he seguido toda mi vida pero aún así falta algo.

Y Jesus le responde:

– Una cosa más, abandona todo lo que tengas y véndelo. Entrega el dinero a los pobres y necesitados y sígueme.

¿Por qué dijo eso? Porque si la mente está centrada en tus propias **cosas**, si has invertido tu corazón, tu mente y espíritu en ellas, luego, como dice Jesús en la siguiente frase, las posibilidades de alcanzar, aunque sea sólo el Cielo externo, son las mismas que las de pasar un camello por el ojo de una aguja. No es posible.

Lo primero que se ha de hacer si quieres el samadhi, que más tarde o temprano deberás poseer, es **pelear contra las posesiones**. Es una **guerra**. Son puñeteras. En primer lugar entrarán a hurtadillas en tu mente: "Necesito esto". Y luego en casa. Y por último, donde solías tener una gran yurta, limpia, hermosa, blanca, quemada por el sol, ahora tendrás un montón de basura.

Son las cosas –penetran con sigilo y has de estar atento–. Hay que pelear contra ellas. Parece tonto pero es cierto, cuantos más objetos posees menos samadhi tienes.

No hay otro modo. Debes recordarlo. Debes pelear conta ellas. Vete a casa, coge la escoba y véncelas, sácalas fuera: "Iros, quiero el samadhi y no cosas".

Jesus dice una cosa hermosa: "Invierte en cosas imperecederas. No inviertas en cosas que se oxidan, que las polillas corroen, que se harán pedazos y acabarás perdiendo".

No hay nada en tu casa que sea imprescindible. Nosotros lo aprendimos cuando llegamos a este lugar. No necesitas objetos. Incluso los pequeños libros extra o los muebles inocentes pueden ser tus enemigos, te impiden que alcances samadhi. No son neutros. Ocupan, de modo activo, parte de tu mente y corazón impidiéndote pensar correctamente. Se es incapaz de reconocer el Cielo externo debido a que la mente está repleta de todas las posesiones.

No seas avaricioso. No has de apegarte a ellas. Su mera presencia en la casa te impide tener el samadhi. Has de desecharlas. No las necesitas. Puedes vivir en un lugar más pequeño, con un altar y un asiento de meditación, un simple taburete y varias mudas, no necesitas más. Después te podrás concentrar en alcanzar el Cielo, los dos Cielos. No esperes: simplemente pídeles que se vayan.

Creo que la gente más inteligente en la audiencia, es la que corre más riesgo, porque si quieren dirigir su mente hacia la obtención de cosas, son muy buenos consiguiéndolo. Es un desafío. Hay tanto dinero que se puede acumular, tantas cosas bonitas, agradables y sofisticadas que se pueden poseer.

No estoy hablando de que tengas que ser necesariamente avaricioso o posesivo. Eres razonable. Los objetos lentamente se apoderan de la mente. Por tanto, líbrate de ellos. No tienes elección. Necesitas samadhi. Despréndete de ellos, son como **soldados atrincherados** en tu casa.

– No, ésta no.
– Si, ésta sí –simplemente líbrate de ella–.
– Oh, me siento solo ¡una gran casa sin cosas!

Despréndete de ellas, después aborda el **avance de los soldados**, los que entran en la mente y te dicen: "Necesito otra cosa más".

En realidad no la necesitas. Nosotros lo descubrimos cuando llegamos aquí. Hemos dejado casi todo lo que teníamos y no nos importa. Es maravilloso. Ahora ya hay cosas nuevas que atacan nuestras yurtas.

Esto es todo. Ten cuidado con las cosas. Lo que dijo Jesús es cierto. No se puede tener samadhi si tienes muchas cosas.

No obstante, hay casos especiales como el de Lama Zopa que hace buen uso de las cosas. Cuando son seres muy santos, con más capacidad que nosotros para utilizar muchos objetos porque ayudan a mucha gente pueden mantener a la vez el samadhi; nosotros no.

Deberías ser honesto contigo mismo y eliminar cosas. Posee solo unas cuantas que realmente necesites y úsalas. No se puede tener samadhi si se tienen cosas.

Ahora, os pido que descanséis. Tomad algún refresco. Luego, cuando Winston haga ruido regresad y terminaremos.

El samadhi es como un halo que está alrededor de la mente durante todo el día. Es un modo excelente de vivir. Lo necesitas para alcanzar el Cielo externo y, por supuesto, para lograr el interno. El primer enemigo son las cosas. Cuantas más cosas tienes menos capacitado estarás para tener samadhi.

En segundo lugar, naciste con unos **sentidos** maravillosos, la capacidad de ver, oír, oler, saborear, sentir. Son un gran don, son un gran instrumento. Los usarás para ayudar a muchos seres, pero también **son un gran peligro**. Si se usan mal, te impiden que logres el samadhi ya que bloquean de modo eficaz el que puedas llegar al Cielo y convertirte en el ser elevado que estás destinado a ser.

El gran escritor C.S Lewis escribió un libro titulado, "Cartas del Diablo a su Sobrino". Lo estudiábamos en la escuela dominical. Es un libro de consejos que el **Diablo** le da a su sobrino, a quien se le ha asignado la tarea de corromper a un joven. Y el Diablo le dice: "Uno de nuestros mayores logros en el siglo veinte es que la gente ya ni siquiera cree en nosotros. Ya no nos reconocen. Podemos vivir en su **nevera**, en su **lavabo**, en su **cama**, en su **periódico**. Ni tan siquiera creen que estemos vivos".

En la nevera hay otro gran enemigo del samadhi. Un día Christie y yo estábamos sentados en el porche. No habíamos visto nada más grande que una lagartija durante mucho tiempo. Por debajo del portalón apareció un gato. No dábamos crédito a su presencia; él tampoco entendía la nuestra. Era un siamés con hermosos ojos. Ignoro cómo llegó. Ignoro de qué vivía, pero era el gato más hermoso que había visto en mi vida. Era fuerte y se movía como una pantera o un tigre. Su cuerpo era completamente diferente al de otros gatos. Y me dí cuenta de que los gatos que había visto antes comían demasiado. Después pensé: "Yo soy igual". Comemos demasiado. No se puede meditar bien si comes demasiado; y lo que nos dijeron qué era comer suficientemente bien, es mentira.

La "Tabla piramidal de la comida" del Departamento de Agricultura de los Estados Unidos fue creada por hombres de negocios. Nosotros, en la empresa de diamantes, solíamos hacer lo mismo: "Un hombre que ame a su esposa ha de comprarle un brazalete de diamantes el dia de su aniversario".

No es cierto que necesitemos más de dos comidas sanas y moderadas. Cuando el estómago esté un poco lleno, deja de comer, aunque el plato aún no esté vacío.

Te parece que eres incapaz de hacerlo, yo apenas puedo. No comerse todos los bizcochos del altar es un duro examen para tu fuerza de voluntad. Suena divertido pero es así. La comida te acabará matando. Creo que la comida mata a más gente que el hambre. Sólo es necesaria en pequeñas cantidades, quizás una vez cada doce horas. Altera el cuerpo. A éste le resulta difícil transformar la comida en las exiguas gotas esenciales que necesita el cuerpo interno.

Tienes un cuerpo externo y un cuerpo interno. El cuerpo interno necesita una pequeña cantidad de esencia de comida. El cuerpo externo trabaja durante todo un día para destilar unas pocas gotas de toda la comida que ingieres. Y cuando comes demasiado, todo se altera. Incluso aunque comas poco es difícil que el cuerpo digiera y destile. Cuando comes demasiado perjudicas tu energía y vitalidad.

Hay un pasaje hermoso en la Biblia: un hombre discute con uno de sus discípulos, Jesus aparece y pregunta:

– ¿Qué sucede?

El hombre responde:

– Le pedí a tu discípulo que sacara un demonio (una aflicción mental), de mi amigo. No puede hacerlo.

Jesus le dice que Él, por supuesto, sí puede. Los discípulos se quejan:

– ¡No nos lo enseñaste todo!

Jesús responde:

– Este tipo de demonio requiere oración, meditación y ayuno.

Has de darle al cuerpo la oportunidad de descansar. Nunca alcanzarás el Cielo interno o externo a menos que comas sabiamente. Comer sabiamente, de modo adecuado, requiere habilidad y sabiduría. Después tus meditaciones y oraciones serán increibles. Pero no lo sabes porque nunca comiste de ese modo. Por tanto, **si deseas ser perfecto**, come bien. Cúidate. Si quieres estar sano, fuerte y ligero para meditar evita el demonio de comer más de lo que necesitas.

En segundo lugar, está lo que los tibetanos llaman, *togu dom sum*. La ropa. Ten cuidado, no poseas mucha. Sólo un par de buenas mudas que te agraden, que sean limpias y sean limpias y agradables a los ojos de otras personas, cálidas o frescas, según tus necesidades. Tira las que no uses. No guardes demasiadas. No necesitas todos los zapatos que tienes, despréndete de los que te sobran y te ayudará a obtener el samadhi.

Otro gran objeto de los sentidos es el sexo. Vivimos en un mundo que lo ha convertido en un dios. Desde tu tierna infancia has sido entrenado, indirectamente, a adorar a este dios. Tampoco lo necesitas. Es otro mito. Puedes subsistir sin él y estar sano y feliz. Disfruta de vez en cuando, adecuadamente, con la persona apropiada. A medida que te acerques al samadhi, y ganes tu guerra contra las cosas, la comida, la ropa, etc, gradualmente, ya no las querrás tanto. Luego no te interesarán en absoluto.

Finalmente, todos los iconos del dios "sexo" que se habían construído a tu alrededor, ya no significarán para tí lo que solían significar. Puedes admirar la belleza. Puedes, honesta y francamente, decirle a una persona del sexo opuesto, "eres muy hermosa", "eres muy atractivo" y no desearlos. Ni querer utilizarlos.

Esto sucede en el mundo del samadhi. Por fin puedes disfrutar pacífica y felizmente de los demás sin usarlos. No es que el sexo sea malo; es agradable como lo es el comer. Pero a medida que te acercas al Cielo, no necesitas comida, o sexo, ni siquiera respirar. Te conviertes en algo más elevado. Mientras tanto, sé sabio, amable, y disfruta. Y después reza para que llegue el momento en que te liberarás de estos obstáculos, incluso de necesitar o querer esas cosas.

Por último, **el periodico**. Honestamente, sé por experiencia propia que una ojeada de cinco minutos al periódico de la mañana destruirá tu samadhi durante días. No tienes por qué saber qué comió el presidente la pasada noche o cosas parecidas. Nosotros aquí nos sentimos bastante felices. No sabemos nada de lo que pasa.

No es que la prensa sea maligna; la gente que escribe en los periódicos es buena, honesta, y se gana así la vida. Pero leer el periódico es un hábito innecesario de nuestra civilización, altera la mente, gradualmente impide obtener el samadhi e impide eficazmente alcanzar el Cielo. Se puede afirmar que es malo, no me refiero a un ser con cuernos rojos y cola. Cualquier cosa, **animada o inanimada,** que te impide alcanzar el Cielo es un demonio, y existe. Y el periódico es uno de ellos.

Lo que se refleja en el **cristal** de tu televisión es idéntico. Tampoco es imprescindible. No reporta beneficio alguno; no es algo que necesites. Alterará tu samadhi. A medida que te vuelves más fuerte en tu samadhi y a medida que te acerques al Cielo externo, la televisión se volverá algo hermoso, sorprendente y te enseñará. Mientras tanto, vigila, te distrae. Prueba a desconectarla y observa lo que sucede después de una o dos semanas.

La última línea de la enseñanza de hoy trata de lo que mencioné antes. Las personas aquí presentes que tienen más posibilidad de alcanzar el Cielo, las personas inteligentes, de talento, lógicas, que piensan bien, y tienen energía son la que corren más peligro porque pueden transformar su talento en una cosa de menor alcance. Cada gran maestro espiritual que ha venido a este mundo ha sido desafiado del mismo modo.

El Noble Buda estaba destinado a ser emperador del mundo. Lo rechazó. Se fue al bosque. El Noble Atisha hizo lo mismo. En la Biblia se encuentra la conversación en el desierto de Jesús con el Diablo que le ha ofrecido el mundo. Y él responde: "La gente necesita más que comida para vivir. Yo elijo el resto.".

Como consecuencia encuentra una forma de vida honesta. Es preciso que tus ingresos sean honestos. Pero protege tu samadhi; no te dejes atrapar. Cuando hice la lista de cien buenos y queridos amigos que habían muerto a lo largo de mi vida, comprendí que la mayoría habían desperdiciado esta vida en un trabajo sin sentido. No tienes por qué vivir así, Estados Unidos es un país bendito con la riqueza. Puedes comer un poco; puedes vivir bastante bien en un lugar modesto y alegre con una cantidad pequeña. Y luego, véte a casa a hacer lo más importante.

Jesús se dirige a sus estudiantes (los envia a enseñar y ayudar a la gente) y les dice:

– Os lo digo, no aceptéis nada. No cojáis dinero alguno. No aceptéis un segundo par de ropas. No cojáis posesión alguna ni siquiera un cayado en vuestra mano. Tan solo caminad. Os ganaréis vuestro sustento procurando alcanzar el Cielo.

A los que tratan sinceramente de alcanzar el Cielo, las cosas les vienen siempre.

El Noble Buda dijo: "Quien hace esfuerzos honestos para alcanzar el cielo tendrá lo necesario para comer o vestir. ¡Lo juro! Y si alguna vez esto no sucede, os prometo que ya no volveré a ser un Buda".

Lo dijo él y Jesús también: "**Busca primero el Reino**". No te preocupes por cosas como ¿dónde conseguiré algo de vestir?, ¿dónde encontraré comida y bebida? No te preocupes, te llegará, siempre llega.

Las cosas pequeñas llegan con la búsqueda sincera de las grandes, del Cielo interno y externo. Tendrás más de lo que has podido imaginar.

Vamos a meditar unos minutos. No mucho, sé que está haciendo frío.

La meditación de ayer consistía en revisar tu vida, procurando detectar las diferentes maneras en que la gente te está guiando. El mundo está repleto de seres divinos. Un cierto número de ellos han sido asignados a tu caso. Y la meditación de ayer consistía en tratar de reconocer quien es sospechoso –buena o mala persona–, quien te ha enseñado estando contigo y haciendo lo que hizo por ti, empezando por los santos padres.

La meditación de hoy es similar. Hemos hablado de lamas, amigos y maestros. Me gustaría hacer una meditación en la que eliges tres cualidades o rasgos que te frustra no conseguir. Quizás sea, decir siempre la verdad, admitir que has cometido un error, o quizás la capacidad de soñar y tener una gran visión de quien serás. Y luego elije a alguien que tenga dichas cualidades.

Ellos son maestros gratis, son una escuela gratuita –es difícil encontrar escuelas gratis–. Encuentra a una persona próxima que sabes que tiene la cualidad que necesitas, quizás esté a tu lado. Después trata de encontrar a tres personas así, que puedan enseñarte en su escuela de bondad, tan solo estando a su lado.

Medita durante unos diez minutos. Elige tres personas que tienen las cualidades hermosas que te frustra no tener. Después, decide estar cerca de ellos para aprenderlas.

(Hacia el final de la sesión el viento empieza a crecer)

Cuando sientes el aire trata de comprender que es un reflejo de algo profundo dentro de tí. Hay una conexión entre tu cuerpo sutil, el más sutil y el aire en sí. Esto será importante para ti más adelante, antes has de tener samadhi para aprender sobre estas cosas. Y dichas cosas te llevarán hacia el Cielo interno.

Por favor, pratica estas meditaciones otra vez. La primera, la que consistía en revisar tu vida tratando de identificar a las personas que pueden haber sido seres especiales que procuraban dirigirte hacia un destino particular. La segunda, la de hoy, tan solo consiste en meditar en tres cualidades que te gustaría tener y conectarlas a tres personas que conozcas. Si sigues haciendo esta meditación, gradualmente empezarás, de modo natural, a pasar más tiempo con ellas. Más tarde puede ser que las reconozcas como seres especiales también.

Tercer Día
Sábado 14 de octubre del 2000

Un día mientras meditaba, se me ocurrió algo relativo a sentir gratitud hacia los demás y me vino esta gran idea a la mente: cuando alguien es amable contigo una vez, te sientes muy agradecido, pero cuanto más repite su amabilidad, menos agradecimiento sientes. Si cuando estábamos en Nueva York, una de las personas que ahora cuida de nosotros nos hubiera dicho: "Voy a coger un día libre para haceros la comida", nos habría encantado. Si después añadiera: "Voy a coger mil días libres para cocinar 10.000 comidas"–que es lo que, en realidad, están haciendo–, a la sexta comida ya te habrías olvidado del trabajo que representa, y del agradecimiento que deberías sentir.

Es sorprendente pero es así. Cuando alguien nos dice: "Te ayudaré en el Centro durante un día" te sientes muy agradecido. Pero si se traslada con su familia y con todo lo que tiene, para ayudar durante toda su vida, te habituas a ello y dejas de sentir agradecimiento.

Si alguien te dice: "Voy a darte una clase" te sientes agradecido. Si dice, "Te enseñaré durante años; me ocuparé de todo durante años" rápidamente dejas de valorarlo. Hay muchos casos parecidos. Aquí hay gente que ha ofrecido y entregado una buena parte de las ganancias de muchos años de trabajo. Los primeros días te sientes muy agradecido pero después, dejas de valorarlo. Otra gente nos dejó utilizar su hacienda. Cuando te lo comunicaron estabas entusiasmado pero, después de hacer uso de ella varios días, dejas de valorarlo.

Hay incluso ejemplos contundentes como nuestros padres, de cuya amabilidad ni siquiera nos damos cuenta. Y continúan con ella porque la repiten una y otra vez, y muy a menudo. Lo mismo sucede con nuestros grandes maestros, especialmente en New Jersey. Ya sabes, viene un lama a dar una clase y nos sentimos muy agradecidos e interesados. Otro lama puede pasarse veinte o treinta años enseñándonos a diario, y transcurrido un tiempo, simplemente le dices: "Por qué no me das un respiro".

Cuando pises este trozo de tierra, cuando salgas del coche, creo que es importante que seas como el Papa: besa el suelo y piensa en la gente que ha trabajado para traernos hasta aquí. Cada día, una y otra vez, la amabilidad se vuelve invisible pero la gratitud no debería serlo.

Empezamos con lo que había dicho Jesús: "Habrá algunos presentes aquí que no probarán la muerte hasta que vean el Reino". Mencionamos que, esto mismo, en la tradición hinduísta se denomina *jivan mukti*, lo que significa libertad antes de morir, alcanzar el Cielo antes de la muerte. Y en la tradición budista tibetana, se lo designa *lu ma pangpar kachu du drolwa*, llegar al Cielo antes de abandonar este cuerpo.

Los detalles para lograr ese objetivo no están disponibles. Creo que se debe a que muy pocos humanos en este mundo han intentado, de verdad, alcanzar el Cielo. Y cualquier instrucción que han dejado es, por naturaleza, difícil de encontrar a no ser que uno se consagre a la búsqueda.

También aludíamos a la alternativa de continuar con una vida como la que has vivido hasta ahora: infeliz, insatisfecha. Una vida en la que, a medida que envejeces, sientes más dolor en el cuerpo porque algunas de sus partes se deterioran; el dolor de ver morir a las personas que amas y el saber que, incluso a los más jóvenes que te rodean, les ocurrirá lo mismo. De vez en cuando a todos nos viene la sensación de que podemos hacer más de lo que hacemos. Sientes hambre cada par de horas y también sientes un hambre espiritual que se repite a diario. Consciente o inconscientemente anhelas, sientes que hay algo más elevado, y es una bendición oírle decir a alguien: "Es cierto, has venido aquí por una razón especial".

III

Lo que sea que anheles
Pasa por las vidas
Sin ni tan siquiera
Un murmullo.

Si no eres como él,
No juzgues, sino tú también
Serás juzgado:
Una viga y una mota de polvo,
Una montaña bajo el bosque,
Son tu reflejo perfecto.

Sólo una burbuja
Que toca a otra burbuja;
Criaturas del desierto
Peleando con la vida
Y concediéndola.
La gente y los acontecimientos.

Vive como los tres,
resiste a la maldad,
Primero desde la raíz;
Pero se benévolo allí también.

Silencio,
Unipuntualizado
Deslizándose a lo largo del día;
Horas en el cojín,
El Reino externo ha llegado.

La naturaleza de todas las cosas es que cada uno de nosotros está destinado a ser el maestro y el protector, el guía de millones de seres vivos. Es tu destino y en lo que, inevitablemente, te convertirás. Oírselo decir a alguien en voz alta, aunque solo sea una vez en la vida, es una bendición. Serás el guardián de las cosas vivas en muchos mundos antes de ser alguien completo. Ahora eres algo inconcluso, y has de procurar convertirte en una persona completa. Es una gran bendición escucharlo una vez.

El Reino del Cielo, el Paraíso, *dakpa kacho* o como se llame en cualquier idioma, tiene dos partes: el externo y el interno. Primero llegas a la parte externa y después alcanzas la interna.

El Cielo externo es como un campo de entrenamiento. Allí encontrarás a muchos seres santos que te guiarán. Te están guiando ahora pero no te das cuenta. Más tarde, al llegar al Cielo externo, lo comprenderás. Te están guiando hacia el Cielo interno donde tu ser se transforma por completo. Es como la diferencia entre los pájaros y el cielo. El Cielo externo es como ser un pájaro. El Cielo interno es como convertirse en el cielo y en el más hermoso de los pájaros.

Has de tomar la decisión más importante de tu vida antes de que sea demasiado tarde: tratar seriamente de llegar al Cielo. Has de encontrar a un maestro y empezar el largo viaje de reconocer a todos los maestros que están a tu alrededor durante todo el día.

Hacíamos referencia a un estado de gracia denominado samadhi, normalmente traducido como "meditación" pero que es, más bien, como un maravilloso estado de santidad, paz y enfoque a lo largo del día, incluso durante el sueño. El samadhi no es el Cielo externo ni tampoco el interno pero es un estado que limita con esos Reinos. Debes tener samadhi para alcanzar cualquiera de los Reinos.

En cuanto a las maneras de desarrollar el samadhi. La primera consiste en entablar una guerra contra las cosas que hay en tu vida, que arrastran a la mente hacia multitud de direcciones y que te impiden alcanzar el samadhi profundo. Aludimos a las cosas de tu casa. No me refiero a que seas una persona avariciosa o posesiva, puedes sólo tener objetos normales en casa pero cada uno de ellos, ocupa una pequeña parte de tu atención. Adquirirlos, mantenerlos y eliminarlos requiere atención. Las cosas consumen enormemente tu energía espiritual. Procura ser muy agresivo para eliminarlas de tu mundo, de tu casa, para así poder concentrarte en las cosas más profundas. Sé agresivo y no te demores. Sé radical en la guerra contra ellas. Expúlsalas de casa; haz un gran montón para el camión de la basura (risas). Y después, trata de ser consciente de cuándo empiezan a regresar a hurtadillas (risas), porque lo harán. Una semana después de tirarlas, vendrán las cosas nuevas a reemplazar a las viejas, una después de otra.

Has de intentar ser muy diligente. Tu vida y la de muchas otras personas está en juego. Empieza a actuar ahora, mientras piensas en ello. La próxima semana elimina la mayoría de cosas que posees. No las necesitas, y si te distraes con todas esas cosas no puedes alcanzar el samadhi, ni el Cielo. Jesús dijo que las probabilidades son las mismas que las de hacer pasar un camello por el ojo de una aguja; y no exageraba.

El segundo obstáculo son los objetos de los sentidos. Naciste con hermosos ojos para ver cosas hermosas y disfrutarlas, escuchar hermosos sonidos, oler, saborear y sentir cosas. Deberías usarlos. Cuando tienes samadhi se agudizan y se vuelven más fuertes, capacitándote para disfrutar de las cosas incluso más que antes, pero tienes que controlarlos. Una vez sobrepasan la frontera de la satisfacción moderada, se transforman en cadenas y te vuelves su esclavo. Y después, derrochas toda tu vida pensando en la cena, en chicos, chicas y ropa.

Has de eliminarlos. Deberías comer sabiamente y con moderación, para sentirte ligero y fuerte. En las etapas finales, antes de llegar al Cielo interno, tendrás que hacer meditaciones muy serias, imposibles de llevar a cabo a menos que tu cuerpo esté sano, sea fuerte y ligero.

También has de vigilar todas aquellas cosas que cargan demasiado tus sentidos, como el periódico y la televisión. La mente no puede absorber tanta trivialidad y, a la vez, ser capaz de mantener el samadhi. Has de intentar evitarlo.

El peor obstáculo al samadhi es el impulso de estar ocupado, de hacer que te sucedan muchas cosas, estar muy atareado en el trabajo. Hay dos razones por las que caes en este error: la primera es *que la vida es tan vacía que las personas inteligentes se encuentran más cómodas si están ocupadas;* de este modo no han de enfrentarse al hecho de que la vida sea tan vacía y carente de sentido. En segundo lugar, *si eres inteligente y capaz, si tienes talento, sientes el desafío de hacer muchas grandes cosas,* que, en realidad, en muchas ocasiones, se desmoronarán antes que tú.

Conquistar el mundo interior es mucho más difícil y requiere un grado elevado de talento. Una persona realmente inteligente y con talento debe enfocarse en la propia mente –que es como la montaña mitológica llamada Monte Merú– porque el resultado de hacerlo es eliminar el dolor de incontables personas.

*   *   *

Hoy hablaré un poco sobre las causas internas del samadhi. La comida, las ropas y las cosas de tu casa están fuera de ti pero hay cosas internas necesarias para despertar el samadhi.

Aunque te parezca sorprendente hay una cualidad interior muy útil para lograr el samadhi, para conseguir este bendito estado de gracia, este hermoso halo que rodea tu mente a lo largo del día. Es, sencillamente, ser muy considerado con las demás personas, pensar en ellas.

Deseas ir al cuarto de baño, es de noche, muy tarde, y eres consciente de que si tiras de la cadena podrías despertar a alguien. Por tanto, te esperas o aguantas toda la noche. En tibetano a esto lo denominan, *dakshen nyamje,* cambiar tu felicidad por la de los demás. Después de considerar cómo se podrían sentir los demás, te refrenas de actuar de un modo específico.

En el Abhidharma, *ngotsa yupa* y *trel yupa* son dos estados mentales que acompañan a toda bondad: tener en cuenta si lo que haces afecta a los demás; tener en cuenta lo que podrían pensar. Si logras desarrollar este comportamiento a diario, el samadhi será tuyo: llegará. Parece insólito pero es cierto: "haz con los demás lo que deseas que ellos te hagan a tí". Esta es la ley. Eso es todo.

La causa interna principal para obtener el samadhi y la clave primordial que lleva hacia el Cielo externo es muy difícil de practicar: No juzgar a los demás.

El Noble Buda dijo, en una conmovedora charla, *"la da nga ang da war mayinpar, shen gyi tso tsor mi cha te nyampar gyur ta ré"*, "**si tú no eres como yo**, si no tienes la capacidad de leer directamente la mente de otra persona, entonces, por favor, no juzgues a los demás, o sufrirás".

Lo dijo después de contar una larga y triste historia sobre un monje que, erróneamente, había juzgado mal a otro y por ello tuvo que sufrir durante miles de años. Al final de la historia revela que Él era quien había cometido dicho error muchas vidas antes.

Jesus dijo lo mismo: "**No juzgues o serás juzgado**"

Después pensé, no se encuentran a menudo situaciones en los libros en las que estos seres gastan alguna broma; y sentí curiosidad, porque los grandes seres de nuestra época, Su Santidad el Dalai Lama, el incomparable Khen Rimpoché Gueshe Lobsang Tharchin y Lama Zopa, a veces son muy divertidos (risas). Luego leí que Jesús decía: "Tienes una **viga** en tu ojo **y** te quejas de **una mota de polvo** en el ojo de tu hermano".

En lenguaje moderno sería algo como: "Tienes un 4X4 que sale de tu ojo y te preocupas por una mota de polvo en el ojo de tu amigo. No te preocupes por la mota de polvo ocupate primero del 4X4 en tu ojo" (risas).

Hay razones muy profundas de por qué Jesús menciona los ojos. No dijo nada sobre tener una viga que sale de tu espalda o de tu brazo. Se refirió a los ojos. ¿Por qué dijo, "tu ojo"? Hay muchas razones y la más importante es que si juzgas a los demás de modo negativo, cada vez que dices, "creo que esta persona actúa mal, creo que es estúpida, creo que no es buena", cada vez que un pensamiento así cruza tu mente –cosa que sucede cientos de veces en una hora– una semilla muy poderosa se implanta en tu propia mente. Y dicha semilla causará que, vuelvas a ver a una persona estúpida, a una persona mala, fea, muchas, muchas veces.

Piensa en ello, cada vez que crees conocer los pensamientos de otra persona, que crees saber por qué actúa de un modo particular, cada vez que ves maldad a tu alrededor, plantas una semilla en tu mente para volverla a ver de nuevo, una y otra vez. Es importante darse cuenta de que la realidad es sólo una percepción. Si lo piensas con cuidado, podrás entender que todo lo que ves son colores y aspectos aleatorios. Debe haber algo en la propia mente que provoque el que veas estos colores y aspectos aleatorios como gente, el cielo, el sol, la tierra, gente estúpida, mala o fea. Lo que ves no viene *únicamente* de ellos.

Ni una pizca de maldad a tu alrededor, a nivel personal, nacional, global, nada negativo que estés experimentando existe por su propio lado. Lo ves con tus ojos 4X4 a causa de una semilla en tu propia mente. Mientras caminas por este desierto, mientras conduces hasta aquí, mientras te relacionas con las demás personas, estás experimentando un **espejo perfecto que refleja** tu propia alma.

Es atemorizante. Toda la maldad que has visto con tus ojos 4X4 ha sido debida a tu propio 4X4. Nada existe por su propio lado, de modo que cuando juzgas, cuando te quejas, cuando sientes rechazo hacia otra persona, te estás hundiendo en el mismo lodo. Volverás a ver, más y más veces lo que juzgas y rechazas.

Esto no funciona a nivel psicológico. No es que la gente que desayune bien vea el mundo mejor. No me estoy refiriendo a este tipo de subjetividad. Estoy diciendo que tu mente moldea el detalle de cada objeto que te rodea. No es posible ver a una mala persona a menos que tú lo hayas sido. Estás viendo tu propio reflejo y cuando juzgas a otra persona la situación empeora: ¡te aseguras de que la continuaras viendo en el futuro!

De modo que si deseas entrar en el Cielo externo, debes comprender este hecho y actuar en consecuencia. Paraliza la mente en momentos críticos y piensa: "Esta persona parece estar haciendo algo malo, pero, en realidad, no estoy seguro; no puedo leer su mente. Voy a mantener mi mente libre de asumir nada respecto a ella". Creo que, rápidamente, comprobarás que ella cambia.

Un día estaba sentado con Christie, meditando. Tenemos una cúpula por encima de la yurta. Tiene un gran agujero por el que pasa la luz del sol, de las estrellas y la luna. Hay como una especie de pantalla en la que vive una lagartija gorda. Engorda día a día, como las demas lagartijas, porque a las moscas les gusta la cúpula y la lagartija se alimente de ellas.

Hay otra lagartija que vive en la yurta; ha estado allí desde el principio. Creo que fue la que vino al altar, se colocó en los hombros de la estatua de la Vajra Yoguini y no quiso moverse. Es como una "veterana" porque siempre esta por aquí. En ocasiones se sienta en la rodilla cuando meditas.

En estado de profunda meditación miras fijamente a la cúpula, tratando de recuperar la concentración y te das cuenta de que hay jaleo, lo cual es un gran acontecimiento para nosotros (risas). Había una lagartija muy pequeña y hermosa; su cabeza era grande y su cuerpo diminuto. Mide un par de centímetros. La lagartija mayor la perseguía hasta el otro lado de la pantalla, ella corría más deprisa y parecía una carrera de caballos, era muy divertido. Para las personas que están en nuestra situación, esto resulta ser un gran acontecimiento (risas).

Transcurridos unos días, nos dimos cuenta de que la pequeñita no aparecía. Dormía sobre un trozo de cinta adhesiva en la pantalla y no se movía, de repente, me di cuenta de que había quedado atascado en la cinta. Me levanté y probé de soltarla. Es una cinta fuerte. Esta hermosa criatura con sus dedos largos y diminutos, hermosos, estaba totalmente atrapada.

Cuando meditas a lo largo del día, todo resulta mucho más poderoso, y esto parecía el fin de la vida. De modo que dos enormes humanos observan este trozo de cinta que obstruye a una pequeña criatura que está agitando los brazos y las piernas y no puede soltarse. Christie intentó cogerla de la mano pero los dedos se empezaron a desprender (*lagrimas en la voz*). Trató de ayudarla pero de su garganta cayó una pequeña gota de sangre. Pensé que para ella, era mucha sangre.

Corrí en busca de un poco de alcohol o agua oxigenada, y me quedé quieto ante ella pensando: 'Si se lo pongo la podría matar; si no lo hago, se morirá de cualquier modo"

Lo hicimos, y se soltó. Se movió un poco y la dejamos bajo la luz del sol sobre un chal de lana, no podíamos hacer mucho más. Intentamos meditar pero no pudimos hasta que ella se empezó a mover. Nos sentimos muy felices.

Pensé que cuando la veía agitando los brazos y los pies yo no le podía explicar que trataba de salvar su vida. No lo entendería. Era imposible poderle decir: "No vuelvas a poner la cola en la cinta adhesiva. Acabo de sacarla, ¡quieta! Ten paciencia. Duele, es parte de un objetivo mayor."

Comprendí que del mismo modo, en todo momento nos rodean seres que tratan de ayudarnos. Debe haber seres más elevados. Es absurdo creer que somos el único nivel de existencia. A ellos les parecemos pequeñas lagartijas. Nosotros movemos los brazos y los pies cuando nos intentan salvar. Pensamos de ellos: "quieren matarme".

Al igual que a **la gente** tampoco puedes juzgar **los acontecimientos** porque podrían estar ideados para hacerte más fuerte y prepararte para algo más elevado. Pero te resulta tan extraño que, de ningún modo, te puede ser comunicado por esos seres. Igual que a una pequeña lagartija no le puedes decir que se esté quieta.

Todos los acontecimientos son así. Las cosas negativas que te ocurren, así como la gente negativa con quien te encuentras, forman parte de un plan maestro especial para tí. Has de procurar quedarte quieto y no resistirte demasiado a los que están tratando de salvar tu vida, aunque te duela.

La lagartija se arrastró hasta el borde del chal de lana y, al cabo de un rato, todavía permanecía quieta. Después, una mosca aterrizo delante de ella y Christie dijo: "Creo que está muerta. Ha de estar muerta". No se movía ni para obtener su comida, ¡ahora su comida se la comerá a ella! Era terrible.

La lagartija mayor que vive en la yurta, insólitamente corrió hacia el chal y ahuyentó a la mosca. Hizo una cosa muy rara: se quedó quieta ante la pequeña lagartija, como un gran Dios a sus pies. Por unos momentos parecía un ser supremo y pensé: "Es como si le quisiera devolver a la vida. Sería maravillso si tuviera el poder de hacerlo."

Seguimos meditando y cuando miramos hacia arriba – ya sabes el final de la historia–, corría de un lado a otro felizmente.

Era un sentimiento sobrecogedor el juzgar a otro ser como si fuese una forma de vida estúpida e inferior que vaga por la yurta en busca de moscas despistadas y después, durante unos instantes, abrigar la posibilidad de que pudiera ser un ente divino.

Somos como **burbujas**. Nos rodean grandes burbujas, que son nuestro mundo, percepciones y experiencias. A veces dos burbujas se encuentran, como cascos espaciales; y en este punto de contacto experimentas a otra persona o cosa viva. En base a ese minúsculo contacto haces una asunción sobre toda su vida, todo su ser, todo lo que saben y son. Ves un punto diminuto en su burbuja y, seguidamente, asumes que son lo que tú crees que son, cuando, en realidad, solo estás viendo un trozo de tu propia burbuja.

Es del todo cierto que esa lagartija, por su propio lado, no era nada en particular. Si yo tuviera bondad en mi corazón, si tuviera una gran cantidad de virtud en mi mente, con toda seguridad la podría percibir o experimentar como un angel imponente desprendiendo luz, que viene a protegerme a mí y a mi yurta mientras medito.

No es una exageración. Tienes que entenderlo. Ella no es más que otro color y aspecto. Mi mente está creando el objeto. Según su propia bondad, mi mente me obliga a ver algo particular. Mi mente organiza ese color en forma de lagartija. No hay lagartija; solo colores y aspectos. Si mi mente fuera más pura, si no hubiera juzgado a los demás a lo largo de toda mi vida, hubiera tenido la fortuna de ver a un ser divino, habría entrado en una parte del Reino externo.

Creo que hemos de ser como dijo Gandhi. Él tenía tres monos favoritos. Yo crecí viendo esa foto y creyendo que era una cosa divertida. El primer mono se cubre los ojos con las manos, el segundo se cubre las orejas, y el tercero, su boca. **Has de vivir como estos tres** monos, tratando de no ver lo malo.

Si crees que estás viendo la maldad pregúntate de dónde viene y reflexiona en el hecho de que eres como la pequeña lagartija. No puedes asegurar qué está ocurriendo. No escuches maldad alguna cuando la gente hable. Si alguien te dice algo horrible, suéltalo. Cuando piensas convencido de que algo o alguien es malo plantas una semilla en tu mente para ver a los demás como seres malvados. Son malos porque tú lo eres, no porque ellos lo sean.

Por último, no te permitas pensar o hablar mal de los demás porque esta acción tomará un cariz maligno.

Una última cosa antes de hacer un descanso.

'Si veo a alguien que perjudica a otro ¿debería tapar mis ojos con las manos y no ayudarles?' **Resiste a la maldad** en dos frentes: **primero desde dónde vino**. Cuando ves a una persona que perjudica a otra, es porque tú has dañado a otra también. No lo puedes ver si no lo tienes en tí. Pero se trata todavía de algo más. *Solo* lo ves porque lo tienes en tí. Si convives con una persona envidiosa, el único modo de resistir a la maldad es desenraizar las semillas de la envidia *en tu propia mente*. Después no verás envidia –ella cambiará–. No cambiará por que hables o te pelees con ella. Solo cambiará si logras eliminar las semillas de la envidia en tu propio corazón.

No me estoy refiriendo a ignorar inocentemente los males del mundo. Estoy hablando de un intento drástico de erradicarlos desde su raíz para siempre. No significa que esta persona continúe siendo celosa y que tú te niegues a verlo sino que nunca más volverá a ser celosa –porque tú no puedes ver los celos ya que los has eliminado de tu propio corazón–. Este es la forma de resistir a la maldad desde su fuente. Por supuesto, aún así ¡consuela mucho discutir con ellos! (*risas*)

Lo volveremos a repetir: el mundo que te rodea, todos los colores, formas y sonidos, son aleatorios por su propio lado, no tienen existencia propia alguna. Sólo son tipos de energía dirigidos hacia tí. Tu mente organiza los colores formas y sonidos en objetos, en gente, incluso en tí mismo. Y lo hace por la influencia o dictado de las semillas que, con anterioridad, has depositado en tu propia mente.

Esto significa que cada suceso o persona negativos que has experimentado o escuchado, fue creado por tu mente. Es una razón para no juzgar a los demás, para sacar el 4X4 de tu ojo primero y después ser capaz de ver que todos ellos están tratando de salvarte. De ese modo entrarás en el Cielo externo.

Tú mismo, pues, eres la fuente de toda maldad lo que significa que tú has de ser el que acabe con ella. De este modo puedes convertirte en el guardían de los incontables seres. Esta es la clave por la que puedes transformarte en una persona que trae bienestar y felicidad a cada ser consciente en tu mundo. Por tanto, **sé benévolo** contigo mismo cuando pienses que tú eres el causante de este problema, porque tú serás también quien lo superará.

Lo último que me gustaría decir sobre el samadhi es que seas benévolo contigo mismo. Dormir lo suficiente es muy importante para obtener el samadhi. Cuando estás cansado y no has dormido bien, el samadhi desaparece, todo se vuelve sombrío y no pudes ver seres santos a tu alrededor. De modo que sé amable, cuida de tu salud. Si lo necesitas, haz algún tipo de ejercicio. Es bueno para tu corazón, tu mente y tu meditación profunda, para entrar en el Cielo interno, lo que requiere gran fuerza, perseverancia y buena salud.

Descansa cuando lo necesites. Toda gran religión tiene momentos especiales del año en los que la gente se relaja y come más de la cuenta, y esta actividad es virtuosa. Juega durante unos días y no te preocupes por la meditación y demás. En el Tíbet a esto se le llama el *Mönlam Chenmo*, implantado por el incomparable salvador Je Tsong Khapa. En los monasterios se llama *gak ye*. Después de un periodo estricto de meditación, tres semanas de desarrollar algún tipo de juego, tocar música y descansar, es beneficioso. Tu mente lo necesita. Es bueno para el samadhi.

Cuando se consigue, el samadhi es un estado mental que se puede mantener a lo largo del día. Se caracteriza por una especie de **silencio** interno. Y si puedes mantener un silencio externo, tan útil en tus circunstancias, es muy bueno para el samadhi —estar solo, quieto y en silencio—. Para los que desean alcanzar este Reino es bueno aprender a estar cómodos, unos con otros, en silencio.

Vives en una cultura en la que te sientes más cómodo hablando sin parar, aunque no haya mucho de qué hablar. Pero si logras aprender el arte del silencio y estar con amigos que comprenden el beneficio del silencio satisfactorio, estar uno con el otro, con amor y en silencio, es una gran bendición y es muy beneficioso para el samadhi.

La característica principal del samadhi es estar en silencio, ser consciente, y estar plenamente en el momento presente. Esto no significa que no puedas hacer planes para el invierno sino que, cuando planeas algo, lo haces de un modo **unipuntualizado**. Te concentras en lo que estás haciendo, aunque lo que estés haciendo sea para el futuro. Estás en el momento presente pensando en el futuro.

En todo momento vive feliz, conténtate, procura ser lo bastante fuerte para estar en el momento presente, profundamente consciente de lo que estás haciendo. Entrégate a este momento. Concéntrate en las cosas divinas que te suceden sin distraerte con el futuro o el pasado. Las cosas futuras, las preocupaciones, las ansiedades, los planes, las memorias del pasado, los amigos, las cosas que solías tener, son similares a tener demasiadas cosas en tu casa. Tienen el mismo efecto en tu samadhi.

Pensar a todas horas en el pasado, en el mañana o en después de lo que sea que hagas ahora, es un gran obstáculo para alcanzar el samadhi. Permanece profundamente concentrado en lo que estás haciendo en este momento y, después, traslada dicha concentración hacia lo siguiente que deseas hacer. No habrás trazado una frontera clara en tus actividades porque el samadhi fluirá desde la primera actividad a la segunda, de forma continuada. No hay principio de una actividad o comienzo de la siguiente. Fluyes de una a la otra con una concentración perfecta. Si la concentración flojea, deténte, descansa y conduce tu mente hasta el presente. Esta es una manera de entrar en el Cielo o Reino externo.

Todo lo que se ha dicho hasta ahora para obtener el samadhi es externo a la meditación. Ahora hablemos del samadhi durante la meditación. Solo hay una frase en el texto que hace referencia a ellos, donde dice: "**horas en el cojín**". En sánscrito es: *sa tu dirghakala nairantarya satkara asvitah drdhabhumi*. Una frase muy hermosa.

Sa tu significa "acerca de (la meditación)", *dirgakala*, "desgraciadamente no hay sustituto a las largas horas de meditación sobre el cojín", *nairantarya*, "fluido ininterrumpido de la práctica", *satkara,* adecuadamente; *asvitah,* debes cultvar la meditación; *drdhabhumi*, te volverás bueno en la meditación.

No te pierdas ni un día de meditación, de una a tres horas diarias de profunda meditación. Un fluido ininterrumpido, a diario. En mi madurez he comprendido que si dedicas a cualquier cosa una hora y media al día, te haces bueno en ello, ya sea comer, dormir o meditar.és te empieza realmente a gustar. Esto no tiene sustituto.

Satkara significa que se debe hacer adecuadamente. Tienes que saber lo que estás haciendo. Si recibes una buena instrucción de una persona que no sólo sabe sobre la meditación sino que también medita: *dirghakala narantarya satkara*, te puedes ahorrar años de problemas y errores. Cometer un error serio en la meditación te hará desperdiciar el tiempo y lo dejarás de lado. Por tanto, *satkara*, encuentra a una persona que sea de verdad un buen meditador; que te ayude a hacerlo del modo correcto.

Asevitah, la meditación se debe cultivar; "debes cultivarla como si fuese un jardín", semana a semana, mes a mes. Si no te pierdes ni un día, te convertirás en un gran maestro de meditación. Empezarás a ver cosas que nunca imaginaste. Puedes entrar en el Cielo externo. Pero esto no sucederá a no ser que lo hagas de modo regular.

Cada día y sin interrupciones, *satkara*, busca a un buen meditador que te ayude a meditar del modo correcto. Entonces *drdhabhumi*, la meditación "se volverá fuerte y tú te volverás bueno en ella". Te empezará a gustar más y más hasta llegar al punto en que, en lugar de buscar excusas para no meditar las buscarás para hacerlo.

No hay nada más que decir sobre la meditación a excepción de que se ha de practicar. Los libros del Tíbet que hablan sobre los estados más avanzados de la meditación –*dzok rim*, del que hablaremos mañana– son, en un sentido muy frustrantes, porque dejan muy claro que no se pueden explicar muchas cosas a otra persona a menos que medite con regularidad. Por ello tampoco se pueden significar ahora. Sería como tratar de decirle a una pequeña lagartija: "No te muevas de un lado a otro, estáte quieta". Hay demasiado espacio entre los dos para explicarle muchas cosas, por tanto, *dirgakala*, sé paciente. Significa que meditar es un trabajo tenaz durante mucho tiempo. No sucede en un par de días. Seamos honestos. Lleva meses, años, ser realmente bueno en ello. *Narantarya*, nunca te pierdas ni un día. *Satkara*, hazlo adecuadamente. *Asevitah*, tómate el tiempo y ama a los demás.

No podrás ayudarles, especialmente no podrás entrar en el Reino interno hasta que seas bueno en la meditación. Ten presente a los demás. Si has visto a alguien próximo morir, acuérdate de ellos cuando estés cansado, o no te apetezca meditar; has de ayudarle. Debes intentarlo. Es mejor sentarse cansado durante una hora y no hacerlo muy bien, que romper la disciplina. Y se requiere disciplina interior, en caso contrario, no alcanzarás el Cielo interno.

Hoy hablamos primero sobre la ayuda interna al samadhi: Piensa en los demás. Lava los platos del fregadero; si el lavabo está sucio, límpialo antes de marcharte. No hagas ruido si alguien duerme. Son cosas importantes que te ayudan directamente a lograr un poderoso samadhi. Y lo que es más importante: no juzgues a los que te rodean. A tu alrededor tienen lugar sucesos de una magnitud galáctica. No ocurren por casualidad. No hay casualidades. Hay un esfuerzo constante de innumerables seres santos que, en todo momento, intentan llevarte hacia tu destino. No dejes nunca de pensar así. No juzgues los pequeños sucesos de un modo pequeño. Todos están ideados para llevarte a colmar la razón por la que viniste a esta vida.

Nos vemos mañana.

Cuarto día
Domingo 15 de octubre del 2000

Pensaba en que al empezar un proyecto como este retiro de tres años, suele aparecre mucha gente llena de entusiasmo. Algunos dicen: "Te ayudaré"; otros: "Haré el retiro de tres años". En tibetano esto se denomina ep tsar sap que significa, "la novedad", algo que normalmente como sabes, se diluye con el tiempo. En muchas ocasiones, la gente no consigue hacer lo que desea. Pero éste no ha sido el caso.

Las personas que se comprometieron a hacer el retiro el tres de marzo, cruzaron la frontera del retiro el tres de marzo. Llegado el momento, adoptaron a la perfección todas las responsabilidades que conlleva un retiro. No han roto el silencio desde que empezamos, unos dos meses despues de haber terminado el adiestramiento previo. Han sido muy estrictos, exceptuando las ocasiones en que nos hemos reído (risas).

Hay una anécdota verdadera de dos personas que estaban sentadas en el suelo comiendo, y una serpiente escarlata de unos dos metros levantó su cabeza por encima del hombro de una, y la otra se dirigió a la serpiente diciéndole: "Ven" (risas). No muerden. Se marchó. Pero aparte de situaciones límite como esta, todos han sido extraordinariamente disciplinados. Nadie ha dejado el tsam, ("tsam" significa frontera del retiro), y muy pocas personas lo han atravesado innecesariamente. Los que hacen el retiro han padecido calor y frío extremos; ha habido terribles ventoleras y encuentros con animales salvajes, algunos muy peligrosos. Pero, creo que lo más difícil han sido las dudas, la ansiedad y las preocupaciones sobre el pasado y el futuro, añorar a las familias y seres amados. Pero han perseverado y trabajado muy duro. Meditan muchas ho-

ras al día. Tienen un programa muy estricto de estudio. Trabajan intensamente en la traducción de muchos libros antiguos de instrucción, para las personas que van a venir después. Han redactado las hermosas y difíciles instrucciones de todas las meditaciones y ceremonias especiales que nos han enseñado. Lo han hecho muy bien y han sido muy valientes.

No vemos a nadie, ni a los que se ocupan de nosotros. No los hemos visto desde el tres de marzo. Nos pasan la comida a través de una caja especial. Creo que la mayor dificultad es la soledad. Todos ellos se han enfrentado a ella con valentía y se han vuelto muy fuertes.

Todos hacen algún tipo de ejercicio físico para facilitar la meditación. Tenemos amables maestros de diferentes métodos tradicionales que nos han enseñado, y continúan haciéndolo, a cambio de nada, para ayudarnos durante los periodos especiales en que lo tenemos permitido. No recibimos correspondencia alguna. Ocasionalmente escribimos alguna nota a los que se ocupan de nosotros, pidiéndoles papel higiénico y otras cosas necesarias. Y no recibimos estímulos externos. La gente en el retiro no tiene otros libros, ni cosas, solo meditamos.

Tres personas además de las que les ayudan se ofrecieron a cuidarnos sin recibir paga alguna, dejando de lado todo lo que tenían. No sólo cocinan y limpian, sino que cuando algo se desprende de una yurta por una ventisca, vienen con martillos y lo reparan.

Se han hecho expertos en todos estos menesteres. En casos de emergencia o de problemas bucales incluso han ido tras los médicos. Nos han protegido ante todo tipo de problemas. Nunca hemos tenido ninguna dificultad seria en el tsam. A veces nos protegen incluso de nosotros mismos, ya que les pedimos algo y nos responden: "¿Te está permitido?" (risas de los que están en el retiro).

Los que nos cuidan y todos aquellos que les ayudan han cumplido con lo que se comprometieron a hacer. Esto es tan raro que suceda en el mundo; han hecho mucho más de lo que acordaron. Cuando estamos en retiro profundo, ni salimos para ir al lavabo. Entregamos nuestras aguas menores y mayores en una caja especial y ellos la sacan al exterior. Incluso hacen esto además de su propia práctica meditativa diaria de, al menos, dos horas (risas).

Se turnan para poder estar en retiro profundo y espero que lo mantengan. Algunas personas se comprometieron a ocuparse de todos los asuntos administrativos. Y lo hicieron de modo tranquilo y eficaz. Se trasladaron hasta aquí junto con otros que vinieron a ayudarles.

Los dueños de esta finca nos dijeron que la podíamos utilizar y tanto ellos como el ranchero que tiene el ganado, han respetado a la perfección la tranquilidad de la zona aislada. No hemos tenido ninguna interrupción. Ha habido alguna moto ocasional en el Parque Nacional (risas), pero no entran en la zona de retiro. Después de haber meditado durante un mes, las motos suenan como si llegara el fin del mundo.

Otras personas nos dijeron: "Iré a Arizona, me tostaré bajo el sol y construiré vuestras yurtas y aposentos", y así lo hicieron. Vino mucha gente; no sabían mucho de carpintería o yurtas, y no esperaban ni calor ni una tormenta de nieve en medio de su trabajo. Pero hicieron una hermosa labor, ahora tenemos lugares preciosos en los que estar. También cumplieron con aquello a lo que se habían comprometido.

Otras personas se entusiasmaron y dijeron: "Enviaré una parte de mi paga para ayudar con los gastos". Otras comentaron: "Entregaré mi paga de pensionista". Otros: "Venderé mi casa". La gente realmente ha hecho todas estas cosas (pausa larga). Y por todo ello, gracias.

Otras personas dijeron: "Atravesaré el país con la furgoneta y os traeré vuestras cosas". Y así lo hicieron. Se perdieron en Tejas (risas) pero llegaron. Alguien de Mongolia dijo: "Os enviaré yurtas, encontraré un fletador de la China" y lo hizo. Por ello, creo que todos tenemos que sentirnos felices. Otras personas dijeron: "Os enviaré pequeños paquetes con todo lo que necesitéis" y así lo hicieron. Los paquetes llegan. Sabemos que es Navidad (va en contra de las reglas recibir cosas) cuando llegan unos caramelos de una ciudad costera de California (risas). Bueno, todos han cumplido lo que dijeron. Es maravilloso y creo que deberíamos estar muy contentos.

IV

Para aprender a tocar
La canción final
Debes convertirte pues,
En el sonido mismo:
Entra en el Reino interno.

La respiración, el aire, el aire interno
Se mueven como un reflejo
del corazón y la comprensión,
Es la clave hacia el reino de la vacuidad,
La clave hacia lo imposible,
Posible para el Cielo,
Ya que en este Reino,
Creer se vuelve realidad.

No hay nada más grande que Estos dos;
Tú has dicho la verdad,
Y no estás lejos del Reino

Vale, de nuevo al trabajo.

Empezamos con una enseñanza de Jesús. Aquella en la que dijo, "habrá algunos presentes aquí que no probarán la muerte hasta que vean el Reino". En la tradición hindú se denomina *jivan mukti*, libertad antes de morir. En la tradición budista, se denomina *lu ma pangpar dakpa kachu du drokwa*. Es decir, entrar en el Cielo antes de dejar este cuerpo, el Reino del Cielo. En tibetano, a este Reino se le llama *chi dakpa kachu, nam gye dakpa kachu*, el Cielo externo y el Cielo interno.

Hablamos de la alternativa que es muy simple: envejecer, perder gradualmente todo lo que amas, todo aquello por lo que has trabajado, y finalmente morir. Explicamos que alcanzar el Cielo en esta vida, antes de morir, hace realidad el impulso más profundo del espíritu humano: hacer algo valioso para todos los seres que te rodean. Y nunca te sentirás satisfecho con menos.

La gran cuestión es ¿hay algún modo de conseguir este objetivo? A partir de aquí, empezamos a hablar del objetivo que consta de dos partes: en primer lugar aparece el Cielo externo y después el Cielo interno. No se refieren específicamente a algo dentro o fuera de ti. El Cielo externo es como estar en una plataforma de adiestramiento, llena de seres santos que te ayudan a alcanzar el Cielo interno.

Existe una antigua polémica en el Tíbet. Algunos santos afirmaban que el Cielo externo era un lugar aparte; otros sostenían que se refería al lugar en el que estás ahora, pero diferente, transformado. Al final, estos dos puntos de vista describen lo mismo.

Mencioné la necesidad de enfrentarte con tu inevitable destino. Nunca te sentirás verdaderamente satisfecho hasta que te conviertas en alguien que, en un solo día, es capaz de ayudar a millones de seres gracias a un cierto milagro de la naturaleza misma de la existencia. Gracias a la naturaleza de las cosas tú mismo serás quien dirija a toda criatura hacia la felicidad y bienestar últimos. Parece imposible pero hoy explicaré por qué no lo es.

Para iniciar esta empresa debes encontrar un maestro que encaje contigo. Los maestros son como los guantes, cada uno de nosotros quiere una talla, un color y un modelo diferente. Has de encontrar los guantes que te convengan. Una vez encuentres a un maestro, entrégate y trabaja arduamente en lo que te diga que hagas.

Leí una divertida expresión, "Rómpete la cabeza ante los pies de tu maestro"; esto da a entender que no es una relación fácil; el maestro te obliga a hacer más de lo que estás acostumbrado, y en ocasiones resulta doloroso. Pero así es. Cualquier buen maestro es duro. Lo mismo sucede si deseas aprender a tocar el piano, a jugar algún deporte o a practicar alguna religión.

Hablamos también del país que se encuentra justo en el exterior del Reino y que se llama samadhi. El samadhi es un estado de enfoque continuo, de paz interior, libre de preocupaciones, posesividad, enfado u odio. Móntate en él con suavidad a lo largo del día, enfocado en el momento presente y viviéndolo con plenitud. Es un estado elevado de consciencia que la mayoría de nosotros solo tiene, por ejemplo, al perderse leyendo un buen libro, o escuchando la canción favorita.

Imagina que disfrutas de este profundo estado de consciencia durante todo el día. Esto es samadhi. El samadhi es importante mientras meditas, pasas tu día en el trabajo o con tu familia, y en cualquier otro momento. El samadhi es como una manta que cubre los acontecimientos de todo el día. Ellos tienen un principio y un fin pero el samadhi fluye.

Vamos a recordar las cosas que te ayudan a alcanzar el samadhi. La primera consistía en desenganchar la mente de las cosas y aprender a ser un soldado que lucha contra las posesiones. Los objetos entran en tu casa a hurtadillas. Encontrarán muchos modos de pegarse a ti. Y tienes que expulsarlas. Sé agresivo con ellas.

Cada posesión adicional, sea un objeto, un coche, otra silla o un par de zapatos, te aparta del samadhi. Catalogarla ocupa cierto espacio en tu mente. Pensar en cómo desembarazarse de ella y en si la deberías sacar o no de tu casa, te aparta de tu destino. No puedes pensar bien si posees demasiadas cosas. Ten lo necesario para vivir con tranquilidad, de modo simple, limpio y ordenado. Haz lo mismo con tus relaciones, con los demás. Procura encontrar gente, sin fijarte en si es hermosa o elegante; que tenga las cualidades de toda buena persona que lleva una buena vida. Limita tus amistades a unas pocas pero profundas y santas relaciones. No hagas un batiburrillo de tu vida social.

Hablamos de este cuerpo sagrado que nos han entregado nuestros padres. Que fue alimentado, vestido y educado gracias a sus interminables e incansables esfuerzos. Un cuerpo que tiene la maravillosa capacidad de poder ver el mundo, de experimentar y sentir cosas. No abuses de este precioso cuerpo. No lo dañes dándole demasiada comida o un tipo erróneo de comida. No lo sometas a un comportamiento extremo que pueda dañar tanto a tu cuerpo como a tu mente, ya sea persiguiendo las cosas que necesitas para vivir o por culpa de las relaciones personaless.

No cargues tu cuerpo y mente con demasiadas cosas, como periódicos y revistas. No amontones el peso de todas las posesiones, la estimulación y la comida sobre este pobre cuerpo. Ya se morirá demasiado pronto, no es necesario que fuerces la situación. Cuídalo, es un vehículo precioso que tienes que usar.

Presentamos dos actitudes que te conducen hacia el Reino externo. Según la filosofía budista, la primera tiene muchos nombres técnicos complicados. Probaremos con *gyurpa te gyurpa* y *dak shen nyamje*, cambiarse con los demás, pensar en los demás. De manera resumida se refiere a tener consideración hacia los que te rodean. Este es un factor muy importante para lograr el samadhi.

Es muy simple, sé considerado con los demás. Antes de hacer algo, piensa en sus necesidades y deseos. **Vive la**

vida sin murmullos. Entra en el día de los demás de manera tranquila y amable; de un modo que les satisfaga, siempre y cuando sea moral. Dentro de tus posibilidades y de lo que es correcto, haz feliz a los que te rodean. Procúrales felicidad cuando te relacionas con ellos. Piensa en lo que quieren y necesitan.

En segundo lugar, y quizas el factor más importante para entrar en el Reino externo: libérate del veneno de juzgar a los demás. Las personas son como un gran burbuja. Han experimentado la vida durante muchos años antes de que les conocieras. Tu burbuja choca con su burbuja, estás con ellos unos minutos, unos días, y en base a esto asumes que sabes lo que son. En realidad, a no ser que puedas leer su mente, no tienes ni idea de lo que son o piensan. Realmente no tienes clave alguna para saber por qué hacen lo que hacen. Ni siquiera tienes idea de lo que les sucedió esta mañana en su casa, o en su meditación.

Libérate del veneno de asumir que sabes por qué hacen lo que hacen. No tienes ninguna garantía de que no pueda tratarse de un ente divino que se esfuerza para ayudarte. Y tú, ignorantemente, reaccionas en su contra, como una pequeña lagartija atascada en una cinta adhesiva.

Esto no significa que no debas tratar de impedir su maldad; has de hacerlo, pero nunca asumir que sabes todo lo que sucede. Impide la maldad, pero no le añadas la maldad de asumir que sabes con exactitud lo que hace la otra persona. A nivel último, no ocurre nada malo en tu vida que no sea debido a una semilla de esta maldad en *ti,* que *tú* mismo sembraste en el pasado. Es imposible ver algo malo sin una semilla de eso mismo en tu interior.

Este hecho es tanto una maldición como una bendición. Es una maldición porque, normalmente, cuando vemos a una persona mala la culpamos a ella. No comprendemos que su existencia misma es imputada en base a nuestras propias percepciones particulares. Sin embargo a esa misma persona alguien la ama y cree que es una persona maravillosa. Pero tú la ves como mala porque has hecho algo malo antes, lo cual depositó una semilla en tu mente para *ahora* verla de este modo específico. Nadie es bueno, nadie es malo. Aparecen de este modo a personas diferentes gracias a semillas depositadas en sus propias mentes, al pensar que alguien era malo (risas). Por tanto, sé como los tres monos.

Todo esto nos conduce a la última enseñanza, que explica cómo entrar en el Reino o Cielo interno. Puedo pensar en dos ejemplos de la realidad última o vacuidad. El Reino interno está profundamente vinculado a la realidad última, también conocida como vacuidad.

La vacuidad no significa, (y nunca lo deberías creer): que la nada significa algo. Es lo opuesto. La vacuidad no significa que no existe nada. Tampoco significa que nada importe; es lo opuesto. ¿De qué modo? Por ejemplo, cuando una persona te grita en el trabajo, probablemente hay alguien en la misma empresa que percibe este hecho como una buena situación. Quizás piense que te lo mereces, y está contento de que el jefe piense lo mismo. Tú, ciertamente, te sientes de otro modo –estás convencido de que el jefe ahora es muy poco razonable–.

¿Es el jefe una persona poco razonable o una buena persona que trata de rectificar a un empleado? Por supuesto, has de responder que dependerá de quien lo observe. Esta es la vacuidad del jefe: el jefe es neutro. Si tienes semillas en tu mente para verle iracundo, así es como lo verás. Si tienes semillas en tu mente para verle amable, así es como lo verás. Él es neutro. La vacuidad es neutra.

Hay un tipo profundo de vacuidad, evidente en todas partes. Trataré de describirlo. El Budismo habla a menudo de la transitoriedad, de que las cosas están cambiando, de que la vida es corta. El nacimiento de una cosa asegura su destrucción. Aparte de haber nacido no es necesario otro factor para la destrucción de algo. Su nacimiento mismo asegura su destrucción. Esto le sucede a los mundos y a la gente.

Hay una transitoriedad incluso más profunda: las cosas cambian instante a instante. ¿Cuánto tiempo dura una cosa antes de sufrir un cambio? Algunos responden que un cierto número de divisiones de un solo chasquido de dedos. No es cierto. En un solo instante, un objeto cambia más de una vez. El objeto en la primera mitad de un instante está más próximo al principio de ese instante, y el mismo objeto en la segunda parte del instante esta más cerca del fin de dicho instante. Claramente hay dos cosas separadas. En un solo instante, el objeto cambia. El objeto al principio del instante no es idéntico al objeto del final de dicho instante.

Esto es claro e irrefutable, sin embargo nunca pensamos en ello. Si coges como referencia medio instante, el objeto al principio de ese medio instante es diferente al objeto del final de ese medio instante. Las cosas duran, pues, menos de la mitad de un instante porque se puede hacer esta distinción. Un cambio ya ha ocurrido desde el mismo principio.

Ya sabes adónde nos lleva esto: a que no puedes encontrar ni un solo objeto que no sufra cambios. No hay objetos. Es imposible que tú y yo estemos viendo un objeto en un momento dado.

Hay algo muy puñetero sobre la realidad. El problema es que nunca piensas en ello. *No puedes estar viendo las cosas que ves del modo que crees que las ves*. Los objetos entran en tu vida y sufren infinitos cambios que eres incapaz de percibir.

En cierto sentido, la transitoriedad es muy atemorizante. No es posible que estés viendo lo que ves. ¿De qué modo lo ves? Tu mente cambia, coge indicios del objeto y los cose, les pega una imagen conveniente y te los presenta diciendo: "Esto es un donut, aquello es una galleta." No pueden estar fuera por sí mismos, es imposible. Tu mente te presenta una imagen, tú la masticas, te sacia.

El segundo principio importante de las cosas vacías es que funcionan. Por supuesto que funcionan. Si comes cinco o diez galletas (cosa que ha hecho alguien que está en el retiro por culpa de una especie de sobredósis meditativa), rápidamente te pones enfermo.

Que las cosas funcionan es innegable. No puedes decir, por ejemplo, que las galletas no cumplan su función. Son una imagen que se presenta en tu mente, y en consecuencia funcionan. Todo lo que crees que es real y que existe fuera de ti, de ninguna manera podría funcionar del modo en que crees. No es posible ver una cosa que, en realidad, está sufriendo cambios en cada periodo de un diminuto instante. Por descontado, no existe del modo que pensabas. Tu mente coge indicios de una cosa particular, los une formando de ese modo un objeto, lo presenta a tu mente, lo muerdes y es real.

¿Por qué preocuparse por todo esto? Si un dónut funciona ¿por qué cuestionarlo? Porque tiene mucho que ver con poder hacer realidad la razón por la qué naciste. No viniste aquí a comer, dormir, trabajar duro para después ver que todo se desvanece. Esto no es vida y tú lo sabes. Puesto que las cosas son vacías, puesto que el mundo que te rodea es vacío, tienes la posibilidad de alcanzar el Cielo.

¿De qué modo? Cuando crees que una persona es mala, es debido a que tú has sido malo con otra en el pasado. Una semilla se depositó en tu mente cuando dijiste, "estúpido" y esa impresión necesita un tiempo, Madura y después te encuentras con un grupo de colores y sonidos que te gritan: "¡Eres un empleado estúpido!"

La percepción viene de ti, en consecuencia ya sabes adonde nos lleva todo esto: si pudieras limpiar tu mente de cualquier tipo de pensamiento negativo –el peor de ellos es juzgar a los demás–, si pudieras observar a los demás con amabilidad, sabiendo que algo de lo que no eres consciente puede estar ocurriendo. Si pudieras hacer esto, la mayoría de semillas malas de tu mente se eliminarían.

Es terrible saber que el mundo que percibes a tu alrededor es un reflejo totalmente perfecto de la condición de tu propia alma y corazón. No puedes ver la muerte; no puedes verte enfermo ni a ti mismo ni a los demás, a menos que tengas una semilla sembrada al haber perjudicado a los otros en el pasado. Por esto se puede afirmar: "Habrá algunos presentes aquí que no probarán la muerte hasta que vean el Reino

Hay un conmovedor suceso en la Biblia. Jesús está enseñando y observa a un paralítico que le dice:

– Por favor cúrame, díme que camine.

Y Él responde:

– Piensa en todo el mal que has hecho, en todo lo que has hecho que haya perjudicado a los demás y arrepiéntete. Límpialo de tu mente. Afirmo que se debería limpiar ahora".

Después, algunos de los presentes se indignaron y le dijeron:

– ¿Quién puede limpiar estas cosas?, ¿por qué sostienes que tienes autoridad o poder para limpiar la mente de una persona o decirle que está limpia?

El responde:

– ¿Cómo pretendes que camine?

Esto significa que, incluso algo tan aparentemente irreversible como una parálisis o la muerte, se puede cambiar transformando las semillas en la mente que te hacen ser testigo de esos acontecimientos. Este es el modo de eliminar la muerte en esta vida. Es claro, no es imposible. La prueba es lo del jefe que veías de un modo u otro. Es el modo real de alcanzar el Cielo y no hay razón por la cual ni tú ni yo podamos hacerlo.

Gang la tongpa nyi nungwa de la tamche nungwa yin. Arya Nagaryuna, el gran pensador budista de hace más de dos mil años, dijo que en el Reino de la vacuidad todo es posible. Jesús dijo que, en general, es imposible entrar en el Cielo, pero que todo es posible si crees. ¿Creer en qué? Sólo pensando, "¿oh yo creo?" no es la manera. Más bien consiste en comprender que, en el Reino de la vacuidad todo es posible. Nada es imposible, incluso dejar de morir. Gracias a la vacuidad podrás convertirte en alguien que ayuda a incontables seres. La vacuidad te permite hacerlo.

La vacuidad es como **el sonido mismo**. Gracias al sonido, puedes tocar **la canción final**. La vacuidad es como **el aire**, gracias a él, tu canción será escuchada. La vacuidad es como el océano, gracias a él las olas pueden moverse.

Tu te moverás por el rostro de la vacuidad. Alcanzarás a millones de seres a la vez ¿Cómo? Haré una breve demostración, después tendremos un descanso. Después explicaré cómo.

Vale Winston, haz lo que has de hacer. (Wiston levanta una espada).

Unos amigos angelicales hiceron esta espada hermosa y sagrada para esta enseñanza en la santa Irlanda. Haremos una meditación. Justo antes de entrar en el Reino interno, suceden en tu interior una serie de cosas a nivel apocalíptico.

Ahora, imagina que tu cuerpo es de color azul claro, luminoso. No lo veas como si fuese un objeto de color azul, sino como el azul mismo. (Piensa en el cielo o, si has hecho submarinismo, en el color que ves cuando miras hacia arriba desde el fondo del agua limpia y azul). Es un azul casi fluorescente. No es una luz brillante, sólo algo parecido al azúl cristalino del agua. Imagina que el interior de tu cuerpo es así. A lo largo del eje de tu cuerpo se encuentra un rayo de luz dorada (como cuando estás sumergido en el agua y ves que la luz del sol la atraviesa).

Imagina el interior de tu cuerpo, sin estómago, ni costillas, únicamente de un hermoso azul cristalino. El rayo de luz dorada desciende por tu cuerpo, justo por delante de tu espina dorsal, desde la punta de tu cabeza hacia abajo, hasta la altura de tu ombligo. Trata de imaginar todo esto en primer lugar.

Cierra los ojos, haz varias inspiraciones profundas, recuerda que tu cuerpo no está hecho de sangre ni intestinos, es como el azul de un arco iris. Observa el rayo de luz dorada, un tubo de tenue luz dorada que atraviesa el azul desde el centro de la parte superior de tu cabeza hasta abajo, hasta el nivel de tu ombligo, trazando una linea recta justo delante de donde se encontraba tu espina dorsal.

Imagina, seguidamente, que te encuentras dentro de ese tubo de luz y escuchas algo así como las voces de un coro. Observa hacia abajo y ves la espada que ahora estoy sosteniendo. La cruz —formada por su puño y su hoja—, se encuentra en tu ombligo, el puño un poco más abajo y la hoja de la espada atraviesa la luz dorada. La hoja asciende por el interior de tu espalda. Su vértice toca tu corazón – no el corazón físico sino el lugar en ese tubo luminoso que se encuentra en la zona del corazón–. La hoja es transparente como un diamante. Su punta empieza a calentarse, resplandeciendo como el acero caliente, hasta llegar a formar una incandescencia roja. Una gran profusión, grandes rios de luz roja fluyen desde la punta de la espada; penetran en tu piel y salen hacia el exterior: grandes tubos de luz roja, luz hermosa, esparciéndose hacia todas las direcciones.

Las personas que viven en incontables planetas dirigen su mirada hacia el cielo nocturno. Ven una nueva estrella, es roja. De algún modo saben que significa que ha nacido un ser especial. Ese ser eres tú. Y a cada planeta donde la gente levanta la vista y ve esta estrella roja, llegarás para llevarles la enseñanza e instruirles en el método para no experimentar la muerte.

Haremos un descanso. El Señor John Brady debería pasar la espada de un lado a otro, para que todos la podáis sostener. Recordad, se necesita un buen irlandés para pasar esta espada de un lado a otro. Descansad. Procuraré terminar deprisa. Sé que empieza a hacer frío, y tambien sospecho que la gente ha de viajar.

Cuando pienso en la vacuidad me gusta pensar en un enorme bloque de hielo en el suelo del desierto, entre las Montañas Dragoon y yo mismo –a menudo soñamos con el mar y con los helados–. No sé por qué. Imagina que subes a este enorme bloque de hielo o diamante, del tamaño de un elevado bloque de pisos, y en él puedes ver tu **reflejo**. Es como un espejo.

Esto es lo que hace la vacuidad: permite que los objetos tengan un lugar donde estar. Aunque estos objetos sean reflejos de tu propia mente, funcionan. El mundo funciona, no es irreal. Un coche puede romper tu pierna, una galleta puede llenar tu estómago.

Eres testigo de que un coche te ha roto las piernas porque heriste a alguien en el pasado. La semilla sembrada por haber herido a alguien madura en la mente y organiza colores y formas aleatorias bajo el aspecto de un parachoques de acero. Y eso es real.

Lo divertido de este espejo es que no te refleja al instante. Esbozas un rostro divertido en el espejo, ¡grrrahhh!; y unos seis meses despues te devuelve el reflejo de un tipo feo. Te olvidas de que es un espejo y te enfadas con esa persona fea, plantando así otra semilla y volviendo a hacerle otra cara. Seis meses despues, tienes a dos tipos feos en tu vida.

Esto es cierto. Este es el camino hacia el Cielo. **Esta es la clave.**

Tu ser consta de cuatro partes. *El mundo en el que vives ahora*: estás experimentando un desierto en el que empieza a hacer frio. Un segundo nivel es *tu cuerpo físico burdo* —la piel, los huesos, la sangre, etc.–.

Después hay dos niveles más que son muy difíciles de percibir. Hay *un núcleo interno de tu ser*. Es como una tubería muy sutil, como el tubo de luz dorada, que va de arriba abajo y pasa cerca de la espina dorsal. Dentro de este tubo luminoso fluyen energías, que los tibetanos también llaman "aires", vinculadas a tus pensamientos. Cuando tienes un pensamiento limpio, alegre, cuando haces un esfuerzo consciente y deliberado para ver algo bueno en una persona que no te gusta, las energías vinculadas a tu pensamiento ascienden y descienden por este canal de modo fluido. Y, por último, tienes un núcleo aún más interno *en el centro mismo de tu ser;* normalmente se asocia con el corazon y está dentro de ese tubo luminoso, a la altura del corazón. Dentro de ese nucleo más interno se encuentra la capacidad de experimentar la vacuidad directamente.

Así, una hermosa interrelación tiene lugar. Cuando tienes un pensamiento puro, las energías vinculadas a tus pensamientos se aflojan circulando del modo en que lo deberían hacer. Esto crea una bondad paralela en tu cuerpo externo. En realidad estás más sano. Tu cuerpo se hace más fuerte, más flexible y sano.

Otro suceso paralelo ocurre en el mundo externo –empiezas a ver las cosas más puras y hermosas–. Tener un pensamiento caritativo hacia alguien que te molesta, desencadena agradables sucesos en tu cuerpo, en el núcleo de tu ser, y una bondad paralela en el mundo externo que te rodea.

Pero hay una demora de tiempo. A menos que comprendas lo que ocurre, lleva un tiempo el que tengan lugar los buenos sucesos paralelos externos. A menos que comprendas que todo es un reflejo de tu mente; a menos que comprendas claramente que cuando encuentras a una persona que parece mala, sólo te lo parece por culpa de una semilla en tu propia mente.

Con este conocimiento, el conocimiento de la vacuidad o pantalla en blanco que resulta ser esa persona, las personas se vuelven neutras –sólo colores y formas y sonidos–. Tu mente es la que teje y crea una persona que te grita, porque tú gritaste a otra con anterioridad. Si comprendes claramente esta elevada verdad, la demora de tiempo se acorta más y más.

Llega un momento en que si tus pensamientos son excepcionalmente puros, tu cuerpo empieza a cambiar ante tus ojos y un suceso pararelo ocurre en el mundo que te rodea. Si tu mente se vuelve muy pura comprendiendo *por qué te suceden las cosas,* tu cuerpo se empieza a transformar en luz. El mundo que te rodea –que siempre ha sido un reflejo retrasado de tus pensamientos y actos, cada uno recompensado según los actos específicos–, empieza a transformarse. De hecho, tú mismo puedes observar que así es como sucede.

En las etapas finales de este proceso, tu ser empieza a reflejar el núcleo más íntimo: te vuelves el gran bloque de diamante así como la criatura más exquisita que se refleja en su superficie. Simultáneamente eres la realidad última de todas las cosas y el ser más precioso, sin faltas y absolutamente puro.

Puesto que esa verdad se extiende por todas partes, te ves reflejado en todos los mundos. Todo aquel que vive en cualquier lugar de nuestra gran galaxia universal te podrá ver. Aparecerás ante quien sea que te necesite, y del modo en que le puedas resultar de más ayuda.

Lo quiero repetir una vez más porque puede ser que no quede demasiado claro. Tu ser consta de cuatro partes: *el mundo externo*, un desierto en el que empieza a hacer mucho frío. También tienes *un cuerpo*. Y ves estas dos realidades del modo en que las ves, como un lugar en el que hace frío y como un cuerpo mortal, debido a pensamientos que plantaste en tu propia mente.

Tienes que limpiar esos pensamientos y semillas de tu mente. Es muy importante decirte que sólo tú puedes limpiarlos. Si alguien más pudiera limpiarlos ya no estarías aquí. El mejor modo de limpiarlos es dejar de repetirlos.

Si has juzgado a los demás –como yo he hecho a lo largo de toda mi vieda– hora tras hora, cientos de veces al día, y decides dejar de hacerlo; si lo intentas de verdad la próxima vez que alguien te hiere o irrita, si conscientemente procuras ver su parte buena y dejar de ver la mala, creas más semillas para ver solo cosas buenas.

Todo el mundo tiene cierto grado de pureza pero no la ves. Si lo intentas con sinceridad, las viejas semillas en tu mente serán destruidas. Tienes la capacidad de hacer que tu mente se vuelva pura. Cuando la mente se vuelve pura, los pensamientos que fluyen en el núcleo de tu ser se liberan y se pueden mover adecuadamente. Esto causa que las energías internas o aires de tu cuerpo fluyan debidamente. Un suceso paralelo tiene lugar en tu cuerpo externo –te vuelves más fuerte, más sano, más joven–. Con el tiempo, el cuerpo se transforma en luz. No lo dudes, puesto que tu cuerpo te obliga a verlo así, *es* luz. Luego un suceso paralelo es activado en tu mundo externo: estás viviendo en un lugar de belleza perfecta.

Cuando este proceso llega a su culminación final, te empezarás a relacionar con la gota más interna o *ser de pureza*. Y una parte de tí se vuelve el fundamento de todo, que es la vacuidad. Puesto que te has convertido en esto, puedes manifestarte allí donde llegue la vacuidad, y llega a todos los lugares. Por esto, todos pueden percibirte.

Entras en estos mundos como un ser santo que aparece en áquel planeta, enseña a cada persona y tus enseñanzas se esparcen más y más convirtiéndote en el Buda o el Jesús de aquel mundo, y de incontables mundos parecidos a ese.

Éste es tu destino. Es en lo que se convertirá cada ser consciente. Lo sabes en tu corazón; quieres hacerlo realidad en tu corazón.

Me gustaría terminar con otro suceso. Jesús está de pie en un templo y un grupo de estudiosos le hacen preguntas. Él es carpintero, no sabe mucho. De regreso a su tierra natal para enseñar le echan del templo, le arrastran hasta una montaña donde intentan matarle; pretenden arrojarle desde un precipicio.

Pero Él, de pie ante los eruditos, responde honesta y sinceramente y la gente queda maravillada por sus respuestas. Uno de los estudiosos se conmueve y dice:

–Tengo una pregunta. Quiero saber tu respuesta sincera. Creo que puedes responderla. Te he visto responder a los demás de corazón, tan sinceramente.

Y Jesús responde:

–¿Qué?

Y el erudito dice:

–¿Cuál es la enseñanza más elevada de todas?

Jesús responde:

–En primer lugar consagra tu corazon, tu mente y tu vida a la búsqueda del Cielo. Y en segundo lugar: trata a las demás personas exactamente como te tratarías a ti mismo –dedica el mismo esfuerzo a hacerlos felices que dedicarías a hacerte feliz a ti mismo–.

El hombre se queda sorprendido y dice:

–Es lo más verdadero que he oído.

Jesús le responde:

–**Tú estás cerca del Reino**.

Bueno, os añoramos muchísimo. Estábamos un poquito asustados por tener que empezar un retiro tan largo, temiendo que algunos de vosotros se podría hacer daño o no estar presente cuando terminásemos. Por tanto, en nombre de toda la gente deel retiro, y de los que nos ayudan, os pedimos que os cuideis mucho, practiquéis bien e intentéis seguir buenas enseñanzas, sed felices. Pero, sobretodo, prometednos estar aquí cuando terminemos porque os añoramos y os estimamos mucho. Gracias.

LIBROS PUBLICADOS

Notario Quintana 27
Ciutadella de Menorca 07760. España
Teléfono: 971 385 756
www. ediciones-amara.com
amara@bsab.com
informacion@ediciones-amara.com
amarai@tiscali.es

pone a tu disposición estas joyas del pensamiento budista tratadas con el mayor rigor por sus autores, ofreciendo en todos sus libros formatos de gran calidad. Recomendamos la recopilación de todas nuestras obras, cuidadas y selectas, pues componen una pequeña enciclopedia del Budismo más puro que se va ampliando y enrique- ciendo con cada nuevo título.

Más Allá del Egoísmo / Gueshe Tamding Gyatso

Comentario al famoso tratado de Adiestramiento Mental, *la Rueda de las Armas Afiladas*, del gran yogui del siglo décimo, Dharmarakshita, quien pasó la mayor parte de su vida en la jungla, entregado a la meditación.

El Yoga del Guru / Gueshe Tamding Gyatso

Es el primer comentario publicado en castellano de la famosa práctica de las *Seis Sesiones*, base y fundamento de la práctica del Tantra Superior.

Rayos de Sol / Gueshe Tamding Gyatso

De una manera lúcida y extensa, Gueshe Tamding revela en el presente comentario los puntos esenciales del famoso tratado en el que se contienen las enseñanzas más importantes del Budismo Mahayana.

La Enseñanza de Buda / Gonsar Rimpoché

Es una presentación de la primera enseñanza que dio Sakyamuni Buda tras su Iluminación, hace más de 2.500 años: las Cuatro Nobles Verdades.

Joyas del Budismo / Gueshe Tamding Gyatso

Es un conjunto de cuatro comentarios de importantes textos budistas cuya comprensión proporcionará al estudiante la visión correcta del verdadero camino mostrado por Buda.

Senda de Luz / Gueshe Tamding Gyatso

Las Etapas del Camino (*Lam Rim*) son la esencia de todas las enseñanzas del Buda. La presentación original fue compuesta en el siglo once por el gran Maestro budista, Atisha, que de manera fácil de entender y poner en práctica, reunió hábil mente todas las enseñanzas del Buda. *Senda de Luz* es uno de los comentarios más claros y extensos del *Lam Rim* disponibles en castellano.

El Arte de Meditar / Isidro Gordi

El Arte de Meditar presenta el Budismo tibetano desde la óptica de un practicante español. Se trata de un texto ameno, sencillo y fácil de leer, ideal como puente entre la enseñanza tradicional de los Lamas y las expectativas de un buscador espiritual inmerso en una sociedad como la nuestra

Destellos de Sabiduría. Texto Raíz / Isidro Gordi

Es la primera traducción en español basada en fuentes originales de una de las joyas del pensamiento de la humanidad, el *Bodhichanyavatara* o *Guía a la forma de vida del Bodhisatva*.

La Dama del Espacio / Gueshe Tamding Gyatso

Se trata de un comentario transmitido y recopilado íntegramente en España Buda de uno de los Tantras más profundos y secretos del Budismo tibetano. Su autor, Gueshe Tamding Gyatso, desarrolla sabiamente todas las etapas del camino para llegar a la Iluminación en un espacio de vida.

Visión de una Nueva Consciencia / El Dalai Lama

Este es un texto breve pero completo de la doctrina del Budismo tal y como se ha estudiado y practicado en el Tíbet durante cientos de años.

Tesoros de la Meditación 1 (*Bodhicharyavatara***)** / Gueshe Tamding

Este libro recoge un comentario oral de un gran Maestro tibetano, Gueshe Tamding, sobre el texto más famoso del canon budista Mahayana: el *Bodhicaryavatara* o *Guía a la forma de vida del Bodhisatva.*

Energía Femenina del Tantra / Gonsar Rimpoché

La Energía Femenina del Tantra. Madre Tara, es un breve aunque profundo comentario que se puede dividir en dos partes. La primera parte nos da una idea de las características particulares del Tantra, su función específica y también de la importancia de abordar su práctica teniendo una idea muy clara de lo que es y de lo que no es un sendero espiritual auténtico. La segunda presenta la función de las Deidades en general y en particular de Tara, la personificación de la energía que nos proporciona todo aquello que anhelamos y nos protege de nuestro temores.

Esencia del Budismo tibetano / Dagyab Rimpoché

Su Eminencia Dagyab Rimpoché es uno de los más respetados Maestros de nuestro tiempo. En este libro presenta de una manera nada académica algunos de los aspectos más profundos del Budismo y la meditación con un estilo claro y conciso que llega de manera muy directa al lector

Muerte y Reencarnación / Gueshe Tamding Gyatso

Recopilación de una serie de enseñanzas orales en las que Gueshe Tamding presenta de manera concisa la esencia del Budismo, una profunda explicación sobre el proceso de la muerte, el bardo y el renacimiento así como la práctica de la Deidad Chenrezig, manifestación de la compasión de todos los Seres Iluminados.

Karma y Renacimiento / Gueshe Tamding Gyatso

Texto claro y conciso sobre una serie de pruebas lógicas que avalan la existencia de la reencarnación o continuidad de la consciencia vida tras vida.

Fundamentos del Tantra / Lama Tsongkhapa y Pabongka Rimpoché

Comentario de Pabongka Rimpoché a la versión más breve del Lam Rim compuesta por Lama Tsongkhapa, *La Fuente de toda mi Excelencia*. Este tratado -que inaugura la colección, Clásicos del Tíbet- es una traducción del tibetano al inglés y al castellano de una escritura clásica usada por muchos Lamas contemporáneos para impartir sus enseñanzas en occidente.

Conversaciones con El Dalai Lama.

Estas interesantes entrevistas a Su Santidad el Dalai Lama resultarán de interés tanto a budistas como a no budistas. En ellas, Su Santidad abarca de manera inteligente y estimulante un amplio abanico de temas religiosos y de índole general.

El Tallador del Diamante / Buda y sus estrategias para dirigir tu vida y tus negocios / Gueshe Michael Roach

"Mi lama tibetano me había impuesto una norma para ir a trabajar a la oficina: mantener en secreto que era budista. Tenía que llevar mi pelo de un largo normal en vez de ir con la cabeza rapada, vestir con ropa normal, y cualquier principio budista que aplicase en mi trabajo lo tenía que hacer en secreto, sin ningún aviso ni alboroto. Tenía que procurar ser un sabio budista por dentro y un hombre de negocios americano ordinario por fuera.

Sin que nadie lo supiera, pues, emprendí la labor de dirigir la sección según principios budistas. Con mis socios acordé una condición en las reglas del juego: yo sería responsable de cualquier aspecto de la División del Diamante y de conseguir beneficios saludables por las piedras, pero, a cambio, debía tener toda la autoridad en lo relativo a emplear o despedir, al sueldo y los aumentos, a las horas que mi gente trabajaba y sobre quién tendría los diferentes cargos. Mi único deber era servir el producto a tiempo y producir buenas ganancias.

Este libro es la historia de cómo construí la División del Diamante en Andin International, partiendo de la nada, hasta llegar a una operación a escala mundial que generaba muchos millones de dólares al año. Y todo sobre la base de principios extraídos de la antigua sabiduría del Budismo. No lo hice solo, ni se siguieron únicamente mis puntos de vista, pero puedo afirmar que para la mayoría de las decisiones y políticas de nuestra sección durante mi cargo como Vicepresidente se siguieron los principios que encontrarás en este libro".—**Del Prefacio**

El Jardín. Una parábola /Gueshe Michael Roach

Con el *Jardín*, siglos de sabiduría budista cobran vida para los lectores, de la mano de uno de los mejores Maestros occidentales, Michael Roach. Valiéndose de una parábola en la que un joven es conducido a un jardín místico por una hermosa pesonificación de la Sabiduría, Roach presenta el panteón de los grandes maestros tibetanos. El buscador sin nombre es atraído al Jardín donde se encuentra con figuras históricas que han aportado enseñanzas fundamentales al Budismo tibetano, como Tsong Khapa, el Primer Dalai Lama y el Maestro Kamalashila. Unica entre las obras sobre Budismo disponibles en la actualidad, el *Jardín* está destinado a convertirse en un clásico.

El Amanecer de la Iluminación (Lamdre) /Lama Choedak Yuthok

Este libro está basado en conferencias introductorias del Lama Choedak impartidas con la finalidad de preparar a los estudiantes para el Lamdre. Estas enseñanzas son apreciadas por estudiantes y maestros de todas las tradiciones tibetanas, y este libro interesará a todos los estudiantes de budismo tibetano, especialmente a aquellos que aspiran a tomar las iniciaciones más elevadas. *El Amanecer de la Iluminación/Lamdre* es un trabajo único que describe las enseñanzas que los discípulos recibirán.

La Magia de los Maestros vacíos. Un retiro en silencio / Gueshe Michael Roach

"Ir a un maestro y pedirle humildemente que te enseñe es un acto de humildad. Todos somos demasiado orgullosos, todos estamos demasiado seguros de que somos buenos y de que tenemos razón. Pero cuando vas a un maestro y le pides que te enseñe, de modo natural estás admitiendo que hay cosas que él conoce mejor que tú, y le estás dando un gran bofetón al orgullo que te impide convertirte en un maestro. Por tanto, acercarse a un maestro es, desde el primer instante, un acto de humildad de la que todos carecemos, e incluso desde el primer instante, te hace más fuerte. Te capacita para convertirte en uno de ellos, porque cuanto más grande es el maestro más sabe que no lo es tanto".

La Sabiduría budista / Gonsar Rimpoché

La Sabiduría Budista es una introducción a la terminología empleada por las escuelas filosóficas budistas. Nos ayudará a entender la naturaleza última de la realidad y a discernir claramente la naturaleza de los diferentes estados mentales que usamos en nuestra vida cotidiana.

Solo con los demás. Un acercamiento existencial al Budismo / Stephen Batchelor

Solo con los Demás es una enseñanza contemporánea necesaria para comprender el mensaje intemporal del Budismo y su incidencia en las relaciones humanas. Está inspirado en la *Guía a la Forma de vida del Bodhisatva*, de Shantideva (traducida del tibetano por el mismo autor), en instrucciones orales de Maestros budistas modernos, en el clásico *Ser y Tiempo* de Heidegger, y en los escritos de los teólogos cristianos, Paul Tillich y John MacQuarrie.

Los tres principios del Budismo /Je Tsong Khapa y comentario de Pabongka Rimpoché

La enseñanza de Buda Gautama empezó a expandirse en la India hace más de dos mil años y, probablemente, alcanzó su punto más álgido en el reino escondido de las montañas del

Tíbet, cinco siglos antes de nuestro tiempo. El gran visionario de este renacimiento de la religión que proclama la paz total fue Tsongkhapa (1357-1419). Inspiró un movimiento que, cuando el Tíbet se perdió en 1959 contaba con casi un millón de monjes esparcidos por miles de monasterios en todo el país. Tsongkhapa fue, quizás, el mayor comentador en la historia del Budismo y escribió más de 10.000 páginas explicativas de los antiguos libros de la sabiduría budista. El asumió el desafío de comprimir todo su conocimiento en un solo poema. El resultado fue su célebre *Tres Senderos Principales*, catorce versos escritos para un estudiante preferido, en una tierra distante.